项目资助

江西省社科规划2016年重点项目"大学校长专业及遴选研究"（16JY02）

江西省高校人文社科科学研究项目"职业化趋势下大学校长遴选制度研究"

王云兰 / 著

大学校长专业胜任特征及其遴选研究

UNIVERSITY PRESIDENTS AND ITS SELECTION

RESEARCH ON THE PROFESSIONAL COMPETENCE OF

中国社会科学出版社

图书在版编目（CIP）数据

大学校长专业胜任特征及其遴选研究／王云兰著．—北京：中国社会科学出版社，2020.2
ISBN 978-7-5203-6011-1

Ⅰ.①大… Ⅱ.①王… Ⅲ.①高等学校—校长—学校管理—研究 Ⅳ.①G647.12

中国版本图书馆 CIP 数据核字（2020）028318 号

出 版 人	赵剑英
责任编辑	赵 丽
责任校对	夏慧萍
责任印制	王 超
出 版	中国社会科学出版社
社 址	北京鼓楼西大街甲158号
邮 编	100720
网 址	http://www.csspw.cn
发 行 部	010-84083685
门 市 部	010-84029450
经 销	新华书店及其他书店
印 刷	北京明恒达印务有限公司
装 订	廊坊市广阳区广增装订厂
版 次	2020年2月第1版
印 次	2020年2月第1次印刷
开 本	710×1000 1/16
印 张	13
插 页	2
字 数	160千字
定 价	59.00元

凡购买中国社会科学出版社图书，如有质量问题请与本社营销中心联系调换
电话：010-84083683
版权所有　侵权必究

目　录

第一章　引言 ………………………………………… (1)

　第一节　大学校长专业胜任问题的提出 ………………… (1)

　第二节　国内外相关研究的学术史梳理 ………………… (3)

　第三节　研究设计 ………………………………………… (21)

第二章　大学校长专业胜任特征的理论依据 ………… (31)

　第一节　大学治理理论 …………………………………… (31)

　第二节　大学校长职业化理论 …………………………… (41)

　第三节　教育家大学校长领导理论 ……………………… (50)

　第四节　大学校长专业胜任特征理论 …………………… (55)

第三章　美国大学校长胜任特征及其启示 …………… (67)

　第一节　美国大学校长职业化发展历程 ………………… (67)

　第二节　美国大学校长职业化现状 ……………………… (75)

　第三节　美国大学校长胜任特征分析 …………………… (79)

　第四节　美国大学校长胜任特征的启示 ………………… (84)

第四章　大学校长专业角色定位 …………………………（87）
第一节　大学校长角色演变、分类及影响因素 …………（87）
第二节　大学校长角色冲突与偏差 ……………………（105）
第三节　大学校长专业角色定位 ………………………（115）

第五章　大学校长专业胜任特征指标体系 ………………（125）
第一节　大学校长专业胜任特征识别 …………………（125）
第二节　"5D"大学校长专业胜任特征 ………………（130）
第三节　基于访谈法的专业胜任特征内容探索 ………（131）
第四节　大学校长专业胜任特征指标解释 ……………（141）

第六章　基于专业胜任特征的大学校长遴选 ……………（157）
第一节　大学校长遴选标准 ……………………………（157）
第二节　校长遴选中的大学主导 ………………………（173）
第三节　大学校长遴选的保障制度 ……………………（181）

主要参考文献 …………………………………………………（195）

附录　大学校长专业胜任特征访谈提纲 …………………（204）

第一章

引 言

第一节 大学校长专业胜任问题的提出

大学作为现代社会最重要的组织机构之一，始终与国家的兴衰相伴而行，在社会文明不断发展的过程中承担着不可替代的角色。大学被誉为现代文明的灯塔，经济、科技与社会发展的动力站，人类的精神和灵魂，其重要性与日俱增。而大学的兴盛，离不开富有教育思想、治理实践经验且具有人格魅力和开拓创新精神的大学校长，一流的校长能够造就一流的大学。作为社会精英顶端群体的组成部分，大学校长不仅是一所学校的领袖、一个学术组织的管理者，也是一所大学的精神代表及大学价值的守护者，成为大学成功管理的关键。剑桥大学副校长阿什比指出：大学的兴旺与否取决于其内部由谁控制。美国教育研究者克拉克说过：大学要在现代社会的多种挑战面前取得成功与进步，最关键的一环就在于校长能发挥有效领导作用。密歇根大学校长杜德斯达指出：21世纪的大学处于一个领导的时代。世界成功大学发展史也证明：竞争而不是政府管制才是大学发展壮大的有效力量。但长期以来，大学还是按照工业化初期、计划经济及精英高等教育时期的行政方式选拔任命校长，大学管理往往按照政府的指令听从上级办学，成为行政机构的延伸；在一流大学建设过程中，片面强调大学行政级别；片面强调校长学者化、院士化及工科背景；即使面向海内外公开招聘大学校长的实践探索，依然存在过于注重学术背景和行政级别的问题。因此，有的校长知识结构单一或缺乏经验，办学理念不清晰，显得管理能力不足；有的校长不敢也不愿放下学术研究，不能全力以赴地从事管理工作，显得时间精力及敬业精神不足等，导致大学校长角色出现了四种偏差：行政事务本位的"官员"校长，重视个人职务升迁，轻视教育组织发展规律；学术本位的"双肩挑"校长，重视个人的学术发展，一心二用；学科本位的"学科"校长，片面追求个人所在学术领域的学科发展，轻视所任职大学学科传统优势及学科特色；绩效本位的"CEO"校长，片面追求个人管理绩效和业绩，轻视大学教育组织的人文精神。究其缘由，是因为缺乏科学的选用标准，选用条件模糊且主观随意性大，这正是近年来社会广为诟病的大学"行政化"、校长"官本位""学术本位"及"绩效化"的症结所在，也是国家提出探索现代大学制度的重要原因。近年来不断出现校长上任伊始宣布不带研究生、不报课题等"两不""四不""校长集体退出学术委员会"及"用整个的心做整个的校长"等承诺，在很大程度上是满足社会对办学质量期待和校长职业化管理需要的回应。基于大学校长角色偏差及治理成效问题，国家权威发布"坚定推进大学校长职业化改革"，明确提出取消大学行政级别，改革高校校长选拔、任命制度，不再按照官员标准、学术标准及其管理方式选拔校长，既表明了国家推进大学校长职业化的坚定性，也表明制定大学校长适宜的遴选标准的迫切性。当前，市场经济条件下，大学具有法人地位，要求大学面向社会自主办学；高等教育大众化、普及化促使大学功能多元化，大学发展分类分型，提高办学质量要求大学办学"转型升级"；大学管理复杂化，迫切要求大学从听从上级的单一管理行为与行政依附向自主、竞争、经营与服务多重职能的独立办学和结构化管理转变，大学校长从听命于政府行政管理的职务角色到面向社会自主办学的专业管理角色转变；迫切要求大学校长从官员、学者、企业家到具备专业精神、教育伦理即热爱教育事业、全身心投入的教育专业角色转变；迫切要求大学选人导向从行政化、官员化、学者化、企业经理到专业胜任的教育家转变。在国家建设"双一流"大学背景下，在大众化至普及化阶段、大学法人办学、教育家办学要求下，校长应具备哪些专业素质，如何判断校长是否胜任，胜任标准如何建构，如何建构大学校长专业胜任的选任制度等问题，需要研究大学校长胜任特征的理论工具；研究大学校长工作行为与角色定位；选取成熟的大学校长胜任特征（如美国）进行研究与借鉴；深入探析中国大学校长专业胜任特征、指标体系及专业胜任模型；并提出基于专业胜任特征的大学校长遴选及其保障建议等。

第二节　国内外相关研究的学术史梳理

一　国内外相关研究的学术史

梳理国内外相关研究的学术史从大学校长胜任特征、大学校长职业化、大学校长遴选制度三个层面展开。

（一）大学校长胜任特征研究

1. 管理者胜任特征研究

胜任特征研究是近年来研究的热点。"胜任特征"也译为"胜任力",本书"胜任特征"与"胜任力"不作区别。在中国知网以"胜任特征"及"胜任力"为关键词进行搜索,获取文献总数9551篇,从1998年至2018年,文献篇数呈现逐年递增的趋势,2005年起,胜任特征研究相关文献年发表量突破百篇。从搜索得到的文献篇数可知,胜任特征理论研究逐渐进入了学者和大众的视野,其理论与实践逐渐成为关注和探讨的热点。胜任特征早期研究成果集中在以管理者作为研究对象。国外学者研究管理者胜任特征主要有胜任特征要素的探究,最早可追溯到哈佛大学心理学家罗伯特·怀特分别在1959年和1963年发表的两篇研究文献《再谈激励:胜任力概念》和《人际关系胜任力》,首次提出了与人才识别、个性特征相关的"胜任力"概念,并讨论了胜任力与社会生活的关系。哈佛大学著名心理学家麦克莱兰在1973年发表了《测量胜任力而非"智力"》一文,正式奠定了胜任力理论研究的基础。他提出了胜任力定义:"与工作或工作绩效或生活中其他重要成果直接相似或相联系的知识、技能、能力、特质或动机";学者斯潘塞提出胜任特征是指"能将某一工作或组织、文化中有卓越成就者与表现平平者区分开来的个人的潜在特征,它可以是动机、特质、自我形象、态度或价值观、某领域知识、认知或行为技能——任何可以被可靠测量或计数的并且能显著区分优秀与一般绩效的个体特征,包括五个层面:知识、技能、自我概念、特质和动机";希普曼则指出,"胜任特征"这个术语是被用来定义某任务或活动的"成功"绩效,或某领域"足以满足要求的"的知识或技能。根据所查阅的文献,经常被专家与学者所引用的定义还有学者博亚茨提出的"一个人所拥有的使之在一个工作岗位上取得出色业绩的潜在特征",这一定义具有概括性。菲什曼、威特龙根、乌尔曼、马歇尔都提出了胜任特征相似的观点，是关于知识、技能、能力、动机、信仰、价值观和兴趣的混合体；米拉比莱认为"与一个职位的高绩效相联系的知识、技能、能力或特征"；格林认为"对为达到工作目标所使用的可测量的工作习惯和个人技能的书面描述"等，都从不同角度对胜任特征进行了阐释。1976年，麦克莱兰发表《工作胜任力测评指南》，使胜任力相关理论和方法在实践中获得了成功应用。在麦克莱兰指导下，理查德·博亚茨继续从事胜任力研究工作，并于1982年出版了《胜任的经理：高绩效模型》一书，深入调查并归纳出与有效提高和保持管理绩效具有相关性的19项胜任力，标志成功的胜任能力具有了测量模型方法。

　　国内学者对管理者胜任特征的研究相比西方起步较晚，对管理者胜任特征研究始于20世纪末，1999年王继承撰写了题为"管理干部胜任特征评价方法的初步研究"的硕士学位论文。代表性成果最先集中于人力资源领域，时勘、王重鸣及赵曙明等人的研究团队进行了胜任特征的相关研究，时勘对"企业高层管理者胜任特征模型的评价"和"家族企业高层管理者胜任特征模型"进行了深入研究，发表了《胜任特征模型理论和实践的探索》一文，可以看作胜任特征理论与实践研究的权威之作。[①] 王重鸣的《管理胜任特征分析：结构方程模型检验》一文，为胜任特征研究做出了应有的学术贡献。赵曙明著作《我国管理者职业化胜任素质研究》也成为国内胜任特征研究的标志性成果。在胜任特征探讨方面，冯明、仲理峰、李明斐等学者对胜任特征研究的理论与方法进行了综述，2002年，时勘等采用BEI行为事件访谈技术探讨了我国通信业高层管理

---

　　① 时勘：《胜任特征模型理论和实践的探索》，中国管理现代化研究会第四届（2009）中国管理学年会——组织行为与人力资源管理分会场论文集。

者的胜任特征：影响力、组织承诺、信息寻求、成就欲、团队领导、人际洞察力、主动性、客户服务意识、自信和发展他人。[①] 2002年，王重鸣教授采用职位分析方法，通过实证评价，获得高级管理者的胜任特征结构，并运用结构方程模型等方法进行比较分析，揭示不同职位层次在胜任特征结构上的差异。研究结果表明：管理者胜任特征由管理素质和管理技能两个维度构成，但在具体要素上，不同层次的管理者具有不同的结构要素。赵曙明从人力资源职业化的特征出发，认为一个合格的人力资源经理应该具有人力资源专业知识、领导能力、创新能力、协调能力、人际交往能力等。从上述研究可看出，对胜任特征的概念分歧主要集中在胜任特征维度与要素上，而这正是胜任特征研究的关键问题之一。

2. 大学校长胜任特征研究

近年来，胜任特征理论在国内的应用研究逐渐增多，成为研究热点，管理者胜任特征研究视域逐步扩展到诸如教育、医学、公共管理等领域。从大学校长胜任特征的研究来看，第一，研究高等教育发展中大学校长角色与管理的胜任关系。国外学者科尔、博克、考利从宏观高等教育系统中探讨高等教育权力系统，讨论大众化、巨型化大学功用的拓展，大学走出象牙塔面向社会应承担的责任，大学市场化与高等教育商业化特征等，其中相关研究涉及大学校长角色与胜任的问题。国内研究主要集中在陈学飞、刘献君、邬大光、秦惠民、张应强等学者，较早研究市场经济体制变革、大学法人地位及依法自主办学、高等教育大众化与高等教育发展规律、提

[①] 时勘、王继承等：《企业高层管理者胜任特征模型评价的研究》，《心理学报》2002年第3期。

高高等教育质量及建设高等教育强国等宏观理论问题，探讨在市场经济条件下，在现代大学制度建设中的校长角色与胜任的问题。第二，大学与大学校长胜任特征研究。21世纪初，夏托克、埃伦伯格、杜德斯达及布莱德利等人的研究主要从三个层面涉及：成功大学管理之道与校长强有力的引领核心及胜任；美国大学有效治理过程中的校长与董事、教授的权力关系；变革时代大学转型中大学校长领导权、责任感、权威性及校长胜任和遴选，哈佛大学成功校长职业生涯、胜任及遴选等。国内学者的研究焦点主要集中在成功大学与大学校长胜任研究上。有代表性的学者王英杰、眭依凡、周作宇、周川、秦惠民等，探究大学理念、大学之道与大学校长的关系；还有一批学者从比较的视角探索美国高等教育发展繁荣与卓越大学校长胜任关系，并深入挖掘卓越大学校长成长规律与制度保障的奥秘。第三，大学"行政化"问题中的大学校长角色与胜任研究。国外学者科恩与马奇、伯恩鲍姆、科尔、杜德斯达等探讨了校长权力模式，学术与政治、学术权力与行政权力关系中的校长胜任的问题。国内学者对大学校长角色与胜任的研究，多从世界一流大学发展规律对我国建设一流大学的启示、探索去行政化、建立现代大学制度及大学内部治理结构的视角，高度关注大学办学质量与校长管理体制、大学校长角色理想类型、大学校长胜任特征及遴选标准等问题。大学经过规模发展后进入内涵发展时期，存在高等教育管理体制不适应大学发展的需要，大学内涵建设及教育质量不能满足社会经济发展需要，大学发展竞争中角色分类中定位不清，社会对大学办学质量不满意，大学办学效率不高及管理"行政化"压力，学者试图破解大学发展难题，将制约大学教育质量的症结聚焦为管理体制机制及校长胜任，大学校长角色素质及遴选成为研究热点。牛维麟从比较的视角，提出一流大学校长角色应首先是教育家，还必须是优秀的管理者，应该具备创新能力，是出色的社会活动家，还应该是一名学者。[①] 王英杰提出建设一流大学的必要条件是改革大学校长的遴选制度。[②] 周川将大学校长的角色按大学类型分为三种，即学术象征型、教学行政型、校务经营型。[③] 王洪才根据社会学家马克斯·韦伯关于"理想型"理论，将大学校长分为学者型、管理型、协调型和经营型四类，分别适宜于不同类型的大学管理。[④] 刘道玉对近代以来我国大学发展实践形成的校长类型进行了分类，把校长划分为革命化、学者化、职业校长及双肩挑的学者校长，认为应选拔教育家型职业校长。[⑤] 别敦荣分析了市场经济体制下大学校长的作用，指出校长在大学改革与发展中发挥着更积极主动的作用，成为大学发展目标的决策者、学术发展的领导人、教育经费的筹集者以及新大学制度的建设者。[⑥] 李延保通过亲身参与公开招聘教育部直属重点大学校长过程的经历指出，大学校长选拔标准还是存在过于重视学术背景及行政化官本位现象。[⑦] 宣勇等认为大学校长职业化从宏观层面是指政府管理大学校长的职业化制度，微观层面是指大学校长管理大学的专业能力与职业素养。[⑧] 第

[①] 牛维麟：《一流大学校长素质谈》，《中国高等教育》2004年第12期。
[②] 王英杰：《大学校长要有大智慧——美国芝加哥大学的建立与发展经验》，《清华大学教育研究》2005年第1期。
[③] 周川：《大学校长角色的演变》，《中国高教研究》1995年第6期。
[④] 王洪才：《大学校长应具备的八种素质》，《河南教育》[高教版（中）] 2006年第1期。
[⑤] 刘道玉：《大学校长必须是教育家》，《中国地质大学学报》（社会科学版）2007年第5期。
[⑥] 别敦荣：《论市场化体制下大学校长的作用》，《高校教育管理》2008年第3期。
[⑦] 李延保：《完善校长遴选办法构建现代大学制度》，《中国教育报》2012年4月20日第4版。
[⑧] 宣勇等：《大学校长管理专业化研究的价值与基本问题》，《复旦教育论坛》2013年第9期。

四，大学校长胜任特征研究。学者费希尔指出20世纪80年代以来，"美国大学校长的性质已经发生实质性的变化"。格林提出校长胜任的鲜明本质特征包含以下四个方面：决策风险责任、企业家精神、市场意识、企业管理方式，这使规划正变得至关重要。施密德特校长在研究如何解决大学校长胜任特征问题时，指出开发更多的大学校长培训项目，提前培养大学的学术和行政领导，帮助他们做好职业发展规划，为校长选拔储备足够的人才。

国内学者对高等教育管理者胜任特征的研究近几年才出现，并呈现研究对象群体性逐渐减小的趋势。当前已有学者的研究涉及大学校长胜任特征。董晓林等对高校行政管理人员胜任特征进行了研究；[1] 马俊杰等以领导学和团队理论为基础，提出大学校长的13项核心胜任能力：战略规划能力、决策能力、分析能力、领导能力、协助能力、控制能力、资源管理能力、绩效导向、创新能力、经营管理能力、社会活动能力、服务育人能力、全球化视野。[2] 魏士强等认为中国高校领导者胜任特征模型包括四大胜任特征群，分别是：领导力、思考力、影响力和事业心。[3] 刘晶玉等利用关键行为事件访谈及多元统计分析方法，提出研究型大学校长胜任特征由23个胜任特征构成，涵盖在人格魅力、教育理念、管理能力、人际关系、发展意识5个维度之中。[4] 赵普光研究了21世纪大学校长胜任特征模型。胜任维度按权重从小排列分别为：个性品质、内部管理

---

[1] 董晓林、马连杰：《高校行政管理人员胜任特征与工作绩效的关系》，《高等教育研究》2013年第10期。

[2] 马俊杰、周文霞等：《对大学校长角色和工作的期待：来自大学生的声音》，《江淮论坛》2010年第5期。

[3] 魏士强、洪银兴：《中国高校领导者胜任特征模型研究》，《管理世界》2010年第6期。

[4] 刘晶玉、娄成武等：《大学校长胜任力模型研究》，《现代大学教育》2010年第4期。

能力、教育家品质、外部沟通与协调能力、成就动机。对大学校长胜任特征现状满意度调查发现：最不满意的前10位分别为：沟通能力、勤政廉洁、社会活动能力、献身教育、资源获取能力、积极进取、自信、作风正派、公平正义、社会责任感。[①] 刘新军等研究了行业特色大学校长测评的五个特征。

对实践层面的研究是管理大学校长的上级组织部门对大学校长的工作业绩测评，主要从政治素质好，有大局意识，熟悉高等教育规律，治校办学理念清晰，创新意识较强，有国际化办学视野，工作有闯劲，处事果断，有较强的组织协调能力，治学严谨，作风正派，原则性强，团结同志，严格要求自己等"德能勤绩廉"五方面进行。

以上研究初步探讨了研究型大学、行业特色大学等校长的胜任特征，对职业化趋势下大学校长胜任特征的理论研究具有重要启示意义。

(二) 大学校长遴选的研究

1. 大学校长遴选理论的研究

国内学者的研究对选拔与遴选一般不作区别，主要集中在两个方面：一是大学校长遴选理论的思辨研究。有学者从大学校长的理念和角色入手，如张楚廷认为大学校长的理念与大学理念之间并不直通，大学校长的特征及其作用与政府官员也十分不同，因而遴选条件也很不一样。王洪才认为现代大学需要选拔的高水平大学校长应具备大局意识、领导才能、社会活动力等八种素质;[②] 有学者从

[①] 赵普光：《新世纪大学校长胜任力模型及现状研究》，2012年中国领导人才论坛暨第三届党政与企业领导人才素质标准与开发战略研讨会论文选集，2012年，第13页。

[②] 王洪才：《大学校长应具备的八种素质》，《河南教育》[高教版 (中)] 2006年第1期。

大学校长遴选的标准与原则着手,如刘道玉介绍了职业型大学校长的标准,并在借鉴国外经验的基础上,建议实行民主、公开遴选大学校长。① 杨兴林探讨了我国大学校长公开遴选的可能性,当前情况是,已经出现了大学校长由传统的上级任命向公开遴选转变的尝试,但仍然存在法律依据不足、理论滞后与利益制约、大学教师的主人翁意识较弱等问题;② 有学者从遴选程序的角度来探讨大学校长的遴选,王长乐等分析了我国高校校长选拔过程中可能会出现的一些偏差,如封闭性、集权行为、政策拼盘等,从而影响遴选结果甚至整个大学的发展。③ 张金伟以合理化为原则探讨了我国大学校长公开遴选程序的完善,充实了我国大学校长遴选的理论储备与实践依据。④ 此外,王飞针对政府任命校长的缺陷,提出大学校长由内部培养选拔和外部遴选模式双轨并行的路径,各校根据自身所需选择最合适的遴选方式。⑤ 二是从历史和比较的视角研究大学校长遴选。王洪才对高水平大学校长使命、角色及选拔进行了研究,并深入研究了西南联大的成功与大学校长遴选。刘宝存介绍了美国大学校长遴选的四大趋势。季诚钧列举大学校长选拔方式有不同类型:选举与任命两段制、董事会领导下的学校自主遴选制、学校遴选与行政任命结合制、政府直接行政委任制、轮流出任制等,比较了中外大学不同类型的校长遴选制度的优势与弊端。姜朝晖从历史的视角研究了美国大学校长职业变迁,其中经历了牧师兼职型、学

---

① 刘道玉:《大学校长必须是教育家》,《中国地质大学学报》(社会科学版)2007年第6期。
② 杨兴林:《大学校长到底该如何遴选——三重视角的拷问》,《重庆高教研究》2016年第1期。
③ 王长乐、雷声华:《高校校长选拔可能出现的偏差》,《上海高教研究》1998年第1期。
④ 张金伟:《我国大学校长公开遴选程序的完善》,《上海教育评估研究》2014年第1期。
⑤ 王飞:《中国大学党委书记与校长之扞格及其化解》,《学园》2012年第1期。

者主导型、专家管理型和职业经理型四种变化。^① 他深入分析了美国高等教育在繁荣时期的大学校长特征，对美国大学校长职业发展的困惑做了研究，发现其面临遴选机制、个人自由及职业风险等问题，并提出中国当下大学校长职业发展应注意的问题。冯倬琳等研究了美国公立大学校长选任保障的退出机制。也有学者对美国的大学校长遴选个案进行了深入分析，熊万曦对哈佛大学前校长博克进行访谈，展示了世界名校的校长遴选程序，深入分析了美国大学校长遴选优势与不足；其后又以麻省理工学院为例，分析了世界一流大学的校长遴选程序及对中国大学校长选拔制度的启示；他还以波士顿大学校长遴选的失败案例为鉴，指出在遴选过程中应进行总结反思。王占军、瓮晚平以佛罗里达大学为例，分析了政治模型下的美国大学校长遴选，以及州治理制度变化、州政治气候以及校内群体博弈对当时校长遴选过程和结构的影响。^② 此外，还有学者针对多个国家的情况进行比较分析，如周群英、胥青山比较了德国、法国、英国、日本、美国、中国六国的大学校长遴选情况，得出了"教授治校"思想对遴选资格条件的影响，高等教育价值观对遴选标准的影响以及高等教育系统的权利配置对遴选程序的影响。^③

国外学者对大学校长遴选的研究主要有美国芝加哥大学校长赫钦斯，他探究了大学校长特质，认为在处理事情时，必须具备勇气、刚毅、公正、审慎或练达的特质，并且与学校成员一起寻求学

---

① 姜朝晖：《美国大学校长职业变迁：一种历史的视角》，《高校教育管理》2010 年第 4 期。

② 王占军、瓮晚平：《政治模型下的美国大学校长遴选：以佛罗里达大学为案例》，《复旦教育论坛》2015 年第 1 期。

③ 周群英、胥青山：《大学校长遴选程序的比较研究》，《江苏高教》2003 年第 1 期。

校发展目标,同时让所有成员都接受共同的目标。美国学者科恩与马奇认为联邦政治体制的政治氛围及大学自治的传统影响着美国大学校长遴选制度,形成学校董事会领导、组织并实施的校长自主遴选制,尤其强调校长人选须具备现代企业管理理论和丰富的实践经验。[1] 麦克拉伊姆指出大学校长的遴选就如一场政治竞选,难度和复杂性要远远超出遴选企业或者政府的负责人。密歇根大学校长杜德斯达介绍了美国公立大学共同管理的传统,遴选校长的权力和职责完全由校董会承担,但如有需要,猎头公司会尽可能地推荐类似的候选人给遴选委员会。卡梅隆校长指出大学校长遴选程序并非尽善尽美,遴选是遴选委员会代表各利益团体相互博弈,选出能平衡各方利益的校长的过程,选出的往往并非是最优秀、最适合大学发展的校长,而是最缺少争议的候选人。伯恩鲍姆指出美国大学校长在不同时代背景下应具备的胜任能力有所差异:在20世纪30年代,校长需要具备足够的应变能力来应对剧烈的社会变迁和社会运动;在20世纪60年代则更强调大学校长遴选条件应考虑具备企业家的素养和经营操作能力;到了20世纪80年代校长要具备应对教育全球化的竞争压力与挑战的能力。桑切斯采用定性分析方法,从人口学特征和职业路径的角度对大学校长进行了描述性统计,不仅为学校和董事会遴选校长提供了一个广阔的视角,也揭示出美国大学校长在性别、年龄、教育和职业路径等方面的新趋势。[2] 古德尔采用大量统计数据、大学校长访谈材料和大学样本对研究型大学校长胜任特征进行分析,得出研究型大学的校长应由一流的学者来担

---

[1] [美]迈克尔·D. 科恩、詹姆斯·G. 马奇:《大学校长及其领导艺术——美国大学校长研究》,郝瑜 主译,中国海洋大学出版社2006年版,第158页。
[2] Lourdes Sanchez, *Career Pathways and Demographic Proriles of University Presidents in the U. S.*, The University of Texas, 2009.

任的结论。

2. 大学校长遴选实践的研究

国内学者刘道玉借鉴世界成功大学校长选拔方式，建议实行民主公开的选拔办法，并分析了"空降"校长做法的弊端，指出遴选机制改革刻不容缓。白保中等分析了中国22所近现代知名大学校长的群体性特征，发现他们主要为男性，大多于20世纪40年代出生在江浙一带，绝大部分是理工科专业出身、学历较高，有一部分人为海归，留学于当今发达资本主义国家，受战争国家的影响，其治学理念也有较大的差异。[1] 刘广明介绍了南方科技大学的校长遴选，概括出以下特点：在遴选理念层面上，以学术性目标为主导；在遴选操作层面上，以政府为主导；在遴选制度层面上，坚持移植与本土相统一等。李延保通过参与教育部"公选校长"试点过程，撰文指出试点应成为一种常态工作模式，并在教育主管部门领导下扩大学校对遴选工作的发言权，并应辩证看待学校教职工参与度。还有学者从现任大学校长群体背景入手分析我国大学校长任职资格条件，张应强等对759所公办普通本科高校校长进行调查后得出，该群体多为男性，50多岁，中共党员，有博士学位；由本校副校长升任现职，已担任校长职务4.6年；是某研究领域的专家，承担教学科研任务，有学术兼职和社会兼职。[2] 郭俊等以115所"211"工程大学校长为例，对其学术背景的现状进行了实证分析，提出选拔大学校长需兼顾内外，兼顾理工与人文

---

[1] 白保中、陈小丽等：《中国大学校长的群体特征及治学理念》，《中国科技论坛》2009年第10期。

[2] 张应强、索凯峰：《谁在做中国本科高校校长——当前我国大学校长任职的调查研究》，《高等教育研究》2016年第6期。

社科背景等建议。①

国外学者帕斯指出，多数遴选凭经验进行且人才库储备不够，因而他在2007年研究大学校长评价结果运用时指出，现任院校的领导者必须做出共同的努力，为拥有更好的未来学校领导者做好准备。施泰纳、登顿、穆尔、豪威尔斯等就大学的校长的遴选程序进行了分析，指出程序中存在的种种机遇与限制因素，并进一步提出了改进意见。上述研究成果对职业化趋势下大学校长选用制度优化的研究具有重要的启示意义。

（三）大学校长职业化研究

1. 大学校长职业化内涵研究

国外学者的研究主要集中在高等教育发达国家，对大学校长的职业发展研究有比较丰富的成果，从大学校长的总体特征、职业背景、任职经历以及职业发展路径等，进行了比较系统的研究。科恩与马奇两位学者通过对42所大学的校长进行调查，重点研究大学校长职业背景，包括1900—1970年美国大学校长各方面的状况，如年龄、性别、婚姻状况、政党派别、宗教信仰、学术背景、职前的生涯和通往校长职位的道路等项，认为，"美国大学校长的标准等级制度通常是一个六级的阶梯，即教员、学生或牧师—教授—系主任—学院院长—学术副校长或教务长—校长，这一模式是明显而渐进地通过学术象征管理等级的晋升"②。1982年，美国高校董事会组建强化校长领导委员会，由杰出教育家、校长及其配偶、立法人士、协会主管以及大学董事组成，委员会经过数千小时的访谈、

---

① 郭俊、黄鑫等：《中国大学校长教育学术背景研究——以115所"211工程"大学校长为例》，《中国高教研究》2012年第8期。

② [美] 迈克尔·D. 科恩、詹姆斯·G. 马奇：《大学校长及其领导艺术——美国大学校长研究》，郝瑜 主译，中国海洋大学出版社2006年版，第12—19页。

调查及分析，出版了《校长创造不同：强化学院与大学领导》一书，随后科尔根据800位校长的访谈出版了《大学校长的多重生活：时间、地点与性格》，详细阐述了"校长职业境遇的多样性"。库巴拉研究了美国社区学院的大学校长群体，该研究主要探讨社区学院院长任前职位、寻求校长任职动机、获得职位所需时间、求职经历以及就职后的最初考察等问题，研究发现，大多数校长是以前未曾担任过校长一职的"新手"；主要通过学术阶梯获得职位；获得职位过程所需时间平均为12个月；74%的校长认为任职动机在于"要对职业做出贡献并把自己的领导技能运用到实践中"[①]。马德森十分关注女性校长的职业发展，她在"女性大学校长职业路径及教育背景的研究"中发现，女性大学校长职业路径并不是遵循某种标准的职业路径模式，相反，她们的职业路径是非标准的或非线性的职业路径，多数女性大学校长受教育背景和职业背景虽然有些相似，但呈现多元化趋势。[②] 美国教育协会进行了美国大学校长工作状况调查，对研究型大学校长职业发展进行了全面的调查分析，包括近二十年来大学校长的人口统计学发展趋势、成为大学校长的职业途径并关注较长任期的大学校长的职业经历。

国内学者关于大学校长职业化内涵研究有教育家刘道玉先生，他把大学校长职业化概括为："精通教育学原理，有自己的教育理念，依照教育规律办事；在多数教授同意的前提下，不受任期的限制；具有较强的决策、管理和做群众工作的能力；要有自我牺牲精

---

① Kubala. T. S., Study on the Community College Presidency, *Community College Journal of Research and Practice*, 1999, p. 23.

② Madsen. S. R., University Presidents: Career Paths and Educational Backgrounds, *European Academy of Management*, 2006, p. 5.

神，在任内全身心地投入学校的管理工作，做一个完全的校长。"王娟认为"大学校长的职业化并不是对校长角色的重新定位，而是从社会现代化、教育现代化的视角，从更高层面上来认识和把握校长的角色，从而推进校长职业角色的发展。校长职业化是现代大学发展的必然趋势，必须以规范的遴选制度作为前提，以科学的培训制度为基础，以合理的薪酬体系为保障"[①]。王友良基于委托代理理论来阐明校长职业化，指出"职业化的大学校长应具有先进的教育理念、首屈一指的学术能力和卓越的经营管理能力，他认为，大学校长职业化三大主要标志即遴选制度规范、任职资质的标准化和薪酬体系市场化"[②]。吴江等人认为大学校长职业化包括三个层面的含义：第一，校长职业化是指经由专门训练而具有管理、经营学校与进行教育科研的职业技能并获得认证资格，能使其统辖的教育资源实现持续增值的高级专业人才。第二，校长职业化是指在市场经济条件下，在对高等教育实行市场行为的管理过程中，校长已不再是政府任命的一种行政职务，而是一种受聘于市场的职业。第三，校长职业化是指专业人才或有志于校长职业者，可以依据其相应的任职条件，通过教育市场获取校长职业；反之，教育机构或办学单位可以按照其办学要求，通过教育市场购买或招聘到符合任职条件的校长，应聘的校长则按照聘约规定的职责要求，凭借职业能力履行管理、经营学校的职责。

2. 大学校长职业化的比较研究

栾兆云借鉴哈佛大学校长职业化发展的经验，提出推进我国大学校长由职务校长向职业校长转变的策略：确立严格的校长遴选程

---

① 王娟：《大学校长职业化探析》，《西北人文科学评论》2011年第11期。
② 王友良：《大学职业化和职业化的大学校长》，《云梦学刊》2005年第11期。

序和明确的遴选标准；保持大学校长任期的稳定性；制定合理的薪酬体系；构建多元化、系统性的校长培训机制；形成制度化的评价机制和监督机制。[1] 姜朝晖从历史的角度分析了美国大学校长职业化进程，指出随着社会结构和大学组织自身的变化，大学校长职业化成了一种必然的趋势。[2] 周柯从中美大学校长遴选机制、职业背景、薪酬管理、退出机制等各方面进行对比分析，得出美国大学校长职业化的经验及对中国遴选大学校长的启示。

3. 大学校长职业化实现路径的研究

赵文华认为"推进大学校长职业化是建设中国现代大学制度的重要环节。办学理念是职业化大学校长的治校灵魂；规范、程序化的校长遴选制度是职业化的前提；科学制定职业标准和任职资格是职业化的核心，而合理的薪酬体系是职业化的保障"[3]。邢文祥从厘清职业化、人才职业化及校长职业化的概念入手，综合分析国内外大学校长职业化的理论与实践，深入探讨大学校长职业化的特征，并围绕相应特征进一步对当前大学校长职业化进程中出现的问题进行阐述和分析，并借鉴发达国家高等教育的经验，探索大学校长职业化的实现路径。[4] 章小梅认为当前必须转变观念，构建提高校长职业素质的教育与培训机制，建立开放性的职业化校长选聘机制，健全有利于职业化校长成长的激励和约束机制。[5]

---

[1] 栾兆云：《美国大学校长职业化发展及其启示——以哈佛大学为例》，《高教探索》2008年第1期。
[2] 姜朝晖：《美国大学校长变迁：一种历史的视角》，《高等教育管理》2010年第11期。
[3] 赵文华：《论现代大学制度与大学校长职业化》，《复旦教育论坛》2004年第3期。
[4] 邢文祥：《关于大学校长职业化的初步思考》，《国家教育行政学院学报》2012年第10期。
[5] 章小梅：《关于大学校长职业化的探讨》，《教育与现代化》2005年第3期。

二 研究动态

分析近几年中外相关研究成果发现：

（一）研究对象从局部转向整体

以往的研究对象主要集中在占中国大学5%的研究型大学校长及世界一流大学遴选制度，研究研究型大学校长对高等教育繁荣的价值及高水平大学校长遴选机制等，不能全面反映大学整体和在职业化趋势下选任标准及制度安排，今后的研究将把所有大学纳入研究视野，探讨大学校长专业胜任特征及遴选制度的一般规律，成果更具有普遍指导性和适应性。

（二）研究方法从理论思辨转向理论与实证综合研究

以往的研究着力点在理论思辨，反思官员校长及学者校长的角色及选拔制度导向，无法保证研究结论的信度与效度，有些研究虽然也属于实证研究，但不够规范，不足以准确反映现状，难免出现以偏概全的偏差，今后的研究将转向大学校长专业胜任特征及制度安排，将理论探索与规范实证研究相结合，提出大学校长专业胜任特征理论及胜任特征模型。

（三）研究内容从宏观综合转向微观具体

从以往研究看，大多属于从宏观层面探讨概念内涵解释，或欧美一流大学校长选拔的泛泛讨论，今后将着重探讨职业化视域下新的发展阶段大学校长遴选的探测性与预测性问题，着力探究中国特色的大学校长角色定位、专业胜任特征及大学校长遴选标准、遴选方式及保障等选任制度安排。围绕大学校长教育家角色要求的专业胜任，从大学校长的专业伦理、个人特质、教育思想与专业知识、治校能力及影响力五个维度，抽象概括出大学校长作为专业的而非官员、学者或企业家的治校胜任特征，提出具有本土性、优越性、引领性的中国特色大学校长专业胜任特征理论及胜任指标体系。

三　研究的学术价值和应用价值

（一）学术价值

在研究对象上，着眼于一般规律探究，研究作为整体的大学校长专业胜任的一般特征；在研究内容上，着眼于从教育家领导理论、胜任特征理论等，研究职业化要求下大学校长教育家角色定位、专业胜任特征及标准、遴选方式及保障配套制度，为解决当前困扰大学的行政化、办学质量不高及管理效率低下等问题奠定制度基础；在研究方法上，着眼于量化研究与质性研究相结合，大学校长是一个多维、复杂的研究领域，还需要研究角色理论、大学治理理论、职业化理论对胜任特征的解释性等。因此，对大学校长角色定位的审视，不仅有赖于高等教育理论支撑，还需要综合运用人力资源管理学、社会学等多种理论视角和研究方法。运用这种"立体"研究的尝试，也必将对高等教育多学科研究做出有益探索。

（二）应用价值

第一，本书着眼于理论与实践相结合，注重成果的操作性。研究大学校长专业胜任特征模型，以此为理论依据探讨校长遴选标准，能为大学校长的招聘与选拔、培训与提升、评价与考核等提供实践指导和操作工具。第二，推动大学校长职业化的系列保障制度可为有关部门提供政策咨询。第三，研究大学校长角色定位有助于厘清党委集体领导与校长独立负责的权责关系，完善党委领导下的校长负责制，使之更富有特色和操作性。

第三节　研究设计

一　核心概念界定

（一）大学校长

本书所指称的大学是指承担本科及其以上层次教育的全日制普通高等教育机构，引文中的高校与大学同义，不作区分，不包含专科类别的高等职业教育机构。从历史角度来看，"大学校长"这个词语最早产生于中世纪大学。欧洲中世纪大学发展史上关于"大学校长"表述有三个词语，即 rector、chancellor 和 president。就"大学校长"一词的使用情况来看，rector 使用时间最久，president 的历史最短，而 chancellor 对最初大学形成和发展的影响至关重要。为了全面区分清楚这三个词语中"大学校长"的含义，有必要分别对其做详细的比较与诠释。

从大学发展史中可以看出，英国的大学主要用 chancellor，其产生过程与当时教会拥有巨大权威的历史背景有着直接关系。最初 chancellor 从教师中挑选出来，而后经过教会的任命，这种任命意味着教会作为一个权威机构任命校长作为教师代表，并赋予他相应的管理权力，因此 chancellor 是一个在大学、教会、国王之间扮演沟通与协调作用的角色，后来它逐渐变为一个名誉性职位，并没有对大学内部进行管理的实质性权力。[①] president，一般解释为"坐在领导位子上的人"，组织、公司、商会、大学甚至国家的领导都可以称为 president。该词用于大学最早见于 1464 年的牛津和剑桥大

[①] 郑文：《英国大学权力协调与制衡》，北京大学出版社 2011 年版，第 142 页。

学，主要指"会议的主持人"，并非今日的大学校长含义。在美国，包括多所分校的大学中，总校的校长通常称为 chancellor，分校的校长通常称为 president，这个职位由掌握大学权力的董事会选举产生，意味着董事会把管理大学的责任与权力委托给 president，任期一般比较长，而且多数情况是由校外著名人士担任。① 法国和德国等国家或者把两者颠倒过来使用。也有少数大学校长称为 rector，根据日本学者横尾壮英的研究，rector 在古罗马时期指文官系统的地方总督，后来被用于指 12 世纪意大利北部城市中出现的行会会长，学生与教师行会组织的大学首领也称 rector，后来欧洲大陆各地特别是德国都称大学校长为 rector，其最大特征在于，大学校长以行会组织成员的身份按照行会管理规则行使领导职责，作为大学行会的成员之一，他与全体成员平等，只是暂时被推举为管理校务的首领而已。② 尽管不同头衔意味着不同的责任与期许，但含义相似，他们对外代表学校及其价值，对内领导大学的运作，因而毫无疑问是一所大学最具有影响力的人物，是一所大学的灵魂和核心。

按照性质来分，大学校长可以分为执行性质和名誉性质，执行性质又可分为正校长和副校长、在职的大学校长和已退休免职的大学校长。《中华人民共和国高等教育法》第四章第三十条规定："高等学校自批准设立之日起取得法人资格。高等学校的校长为高等学校的法定代表人。"第四十一条明确规定大学校长职责是全面负责本校教学、科研及其他行政管理工作，具有拟定发展规划、组

---

① 张磊：《大学校长身后的权力关系分析——从 Rector，Chancellor，President 看大学校长》，《大学教育科学》2010 年第 5 期。
② 贺国庆：《欧洲中世纪大学》，人民教育出版社 2009 年版，第 158 页。

织教学和科研、拟定内部组织机构及人员设置、教师和学生管理、学校经费管理的职权以及大学章程规定的其他职权。

本书中涉及的大学校长是指高等学校的法定代表人，是高等学校的行政首脑，即正校长，不包括名誉校长、副校长、已退休免职的校长。

（二）大学校长专业胜任特征

对"专业"概念的研究成果可归纳为"专业"的六条标准：有长期的专业训练；明确的知识体系；系统的伦理规范；专业上的自主性及自主权；社会服务重于报酬；专业资格。以此为依据，大学校长专业胜任特征是指大学校长作为一种对大学进行专门管理的职业岗位，具有相应的权责；具备相应且优先的专业精神及专业伦理；大学专门管理经验或经过专门训练具备专业管理的知识与能力；胜任其工作所具备的个人品格特质的总和。大学校长专业胜任是针对行政本位的"官员"校长，片面追求个人职务升迁，忽视了育人组织及学术治理规律；一心二用、一手学术、一手治校的"双肩挑"校长；片面追求个人学术所在的学科发展的"学科"校长，忽视了大学学科传统和特色发展；绩效本位的"CEO"校长，片面追求个人管理业绩指标，忽视了大学育人组织的人文精神及人文管理，提出大学校长应成为以办学治校为本位、以教育专业岗位需要的教育家校长。教育家校长的生成，首先应具备大学专门管理经验或经过专门训练具备专业管理的知识与能力，具备专业情感态度及教育伦理，达到专业岗位胜任的标准和要求；其次应创设一种遴选制度安排，让热爱大学校长事业的社会精英，走出科层官僚体系，放下任前的学术研究，有志于教育事业，履行大学办学责任，在大学法人地位赋予的自主权条件下，实现校长职位的专业化、选拔方式民主化科学化、人力资本薪酬化、流动退出制度化,最终建构一系列大学校长职业化制度体系。

因此,大学校长专业胜任特征内涵可从三个方面概括:第一,胜任特征是能将某一工作中有卓越成就者与表现平平者区分开来的个人潜在特征,"胜任特征"这个术语是被用来定义某任务或活动的"成功"绩效,是侧重于选拔"优秀"的胜任,而非针对岗位合格。大学校长的胜任特征是指校长治理工作优秀,成绩卓越,取得办学治校成功的岗位要求。第二,强调大学校长"专业"视角,大学校长是专业岗位,需要遵循专业伦理、具备专业知识与能力,进而产生广泛影响力。第三,基于实践框架,针对实践层面的校长角色及工作行为偏差,提出大学校长专业角色定位,建构优秀维度的专业胜任特征模型,获得量化的专业胜任特征指标体系,从而建构遴选标准的先进性和操作性。

(三) 大学校长遴选制度

"遴选"字面理解是精挑细选,具有选拔与竞争的意思,即在某领域范围内按照某种既定的选择标准,执行某种办法和策略,经过比较得出结果。遴选作为组织内部带有竞争性且具有民主公开选拔意义的一种转任和挑选方式,较多适用于我国每年招考公务员、事业单位的人才任用,公开面向社会在一定层级和基础上进行遴选,是一种在"二次择优"制度上进行的创新和优化。目前在政府工作、单位跨系统、跨地区的竞争性选拔中会采用遴选,作为一种比较公平且合理的录用人才方式,同时也适用于高等教育领域的校长选拔。

大学校长遴选即选拔与任命校长一系列程序与运作的动态过程,综合各国及地区的遴选经验来看,主要包括遴选组织的成立、遴选条件与资格的设立、校园民主投票、校长候选人的治校理念说明与演讲会、遴选组织对候选人进行深入访谈了解等过程。

遴选理念通过制度走向实践。在人类社会中，制度是人们的行为准则。诺贝尔经济奖得主诺斯把制度定义为"博弈规则"，他认为制度是社会的游戏规则，是为人们的相互关系而设定的一些制约条件。他将制度分为三种类型：正式规则，包括宪法、法律、规定；非正式规则，主要有惯例、行事准则、行为规范等，以及上述正式规则和非正式规则的有效执行。第一类，正式规则即正式制度，是指政府、国家或统治阶级按照一定的目的和程序有意识地制定的各类政治、经济规则及契约等法律法规，以及由这些规则构成的社会等级结构，包括从宪法到成文法与普通法，再到明细规则、具体规章等，它们共同构成人们行为的激励和约束。第二类，非正式规则是人们在长期实践中无意识形成的，具有持久的生命力，并构成世代相传的文化的一部分，包括价值信念、伦理规范、道德观念、风俗习惯及意识形态等因素。第三类，即实施机制，是为了确保上述规则得以执行的相关制度安排，它是制度体系中的关键环节。完整的制度内涵正是由这三部分构成，互为约束，不可分割。换言之，制度既是正式的、理性化的结构性规范条款，也是非正式的、有价值取向的约束与限制，它要求人们在一定范围内行使自己的意愿，而不能完全按照个人的意愿随意支配自己的行为。综上所述，本书中大学校长遴选制度，探讨由举办者确定遴选资格条件和标准，由大学主导、教师主体意识作为自主推力，形成校内专门机构、完善的程序，最终人选由举办者确定并任命的分段操作的实施机制。保证遴选理念指导制定遴选标准与遴选过程，形成遴选系列规范制度，以制度保障大学各主体相关利益得以实现。

二 研究内容

从研究中国大学校长职业化发展的迫切要求出发，采用理论与实证相结合，讨论现代大学制度建设中，职业化趋势下大学校长所扮演的教育家角色定位、专业胜任特征及制度保障等。包括：

（一）大学校长角色偏差与专业角色定位

通过对大学校长角色分类及影响因素的分析，探讨大学校长角色冲突与调适，通过对"官员"校长、"学者"校长、"学科"校长、"CEO"校长现实情境中的偏差分析，提出大学校长专业角色定位，明晰大学校长应成为教育家，应具备相应的大学组织管理经历及学术背景，具备教育品格，富有先进教育思想并运用于大学教育管理实践；精通学术组织管理和经营；富于人格魅力和教育情怀五个维度核心内涵。

（二）大学校长专业胜任特征要素

大学校长的教育家角色，对其专业伦理且优先、个人特质、先进教育理念、专门化知识及能力提出了新要求，需要研究其专业胜任特征维度及指标体系，通过专家访谈法，采集大学校长专业胜任特征的构成要素。

（三）美国大学校长胜任特征及其启示

从借鉴视角，分析美国大学校长职业化与胜任特征。从美国高等教育繁荣的发展历程与校长作用的关系出发，梳理美国大学校长的角色演变，探讨美国大学校长职业化特征，分析美国大学校长的角色与职责，分析其胜任特征，获得相应启示。从而探测出具有普遍意义的大学校长专业胜任特征。

（四）大学校长专业胜任特征指标体系

研究大学校长胜任特征指标体系构建与指标解释。在专业胜任特征探索的基础上，进一步明确不同维度的具体内容，构建完善的专业胜任特征指标体系，并结合相关研究结论对指标体系进行解释，以明晰不同指标的具体含义。

（五）基于专业胜任特征的大学校长遴选及其保障制度

研究基于专业胜任特征的大学校长遴选及其保障制度。依据采集的专业胜任特征要素，确定大学校长专业胜任标准，梳理出大学校长任职资格条件的基本内涵，同时以美国公立大学的遴选制度为借鉴，探讨大学校长遴选及制度保障，主要以专业胜任特征为依据，研究大学校长培训、评价、薪酬与退出机制。

三 研究方法

为实现研究目标，本书将采用多种具体研究方法，研究大学校长专业胜任特征，为大学校长遴选标准、遴选程序及激励保障制度提供标准依据和操作工具。

（一）文献研究法

文献有多种来源，包括个人文献、官方文献与大众传媒等。文献研究法，并非只是一种资料搜集的方法，还包括搜集、鉴别、整理与分析所获得的资料。本书并非仅从被研究者本身获取资料，而是多方搜集与分析现存的、以文字形式为主的文献资料。通过查阅书籍、杂志、相关改革与发展动态的政策法规文件以及中外期刊网全文数据库等网络资源，搜集、整理并分析有关大学校长专业胜任特征及遴选已有研究成果和相关资料，对中外关于大学校长专业胜任特征研究理论进行梳理和归纳，针对已有成果和研究不足，依据理论和事实，解决校长专业胜任特征内涵及测量标准，并对未来大学校长专业发展进行预测，为本书的研究提供思路和理论基础。

（二）访谈法

在质性研究中，访谈通常是两个人或者多人之间有目的的对话，由研究者引导，搜集研究对象的语言资料，借以了解研究对象对问题的思考及观点。访谈可以有两种运用方式，一是作为搜集资料的主要策略；二是配合参与观察、文件分析或是其他研究技巧，作为搜集资料的辅助方式。询问者根据研究目的需要提出问题，通过面对面的正式或非正式的交流，从提问者的解答中提取有用的信息，从而达到以个体表征总体的目的。

研究基于弹性原则与访谈情境的需求，采用半结构式访谈，虽然已有结构严谨的标准化题目，但也给受访者预留了较大的空间。换言之，半结构式访谈具备合理的客观性和弹性，并允许受访者充分反映自己的意见，且能充分发挥研究者与受访者之间的交互影响，同时兼具结构式访谈和非结构式访谈的优点。

本书在进行大学校长专业胜任特征维度探索的过程中，运用了访谈法，对在大学校长理论研究方面有知名度的专家、不同类型且不同层次的有较大影响力的大学校长、主管高校的教育行政部门处级及以上领导干部、有一定学术背景且有较长管理资历的大学中层管理人员及大学重要专业学院院长等访谈对象进行访谈，以期获取他们对大学校长角色定位、大学校长专业胜任特征、遴选办法、职业化保障机制的看法，获得第一手资料。在尊重受访者的前提下，访谈进行前先将访谈大纲与同意函送交受访者，说明本书研究的相关细节与目的。此外，进行访谈前都会取得受访者的同意后进行记录或录音，以便逐字地誊写与资料的整理。在此基础上构建大学校长胜任特征指标体系及遴选制度。

（三）比较研究法

大学校长专业胜任特征理论的构建是一个历时性且不断发展的过程，都有着深厚的历史积淀。因此，对大学校长角色、专业胜任特征进行历史和比较视角的追溯，考察不同地域不同时期的大学校长角色及演进逻辑，对于完整地、准确地把握大学校长角色发展的基本规律具有重要意义。一方面运用历史研究法，通过时间维度探析校长角色演变；另一方面将大学校长胜任特征置于广阔的空间研究维度之中，通过对不同国家特别是美国高等教育发展成就与优秀大学校长关系的分析，对大学校长角色定位、胜任特征进行归纳，以期从借鉴视角，对问题做出更完整、更准确的把握。研究可以被视为历史与空间视野进行纵横比较的过程，通过努力探寻实践发展规律及理论抽象，为本书的研究提供建设性思考。

（四）内容分析法

内容分析法最早产生于传播领域，之后大量地被应用于图书情报学。美国传播学家贝雷尔森首先把它定义为一种客观、系统、定量描述交流的明显内容的研究方法。邱均平等将其定义为"一种对研究对象的内容进行深入分析，透过现象看本质的科学方法"[①]。将定性研究与定量研究有机结合起来是内容分析法最为独特之处，其主要是将书面语言文字所表达的信息转换为量化的资料，同时通过统计得到的大数据进行具体的信息描述，这样既可以获得从定性分析中难以找到的联系和规律，又能够弥补定性研究自身主观性所带

---

① 邱均平、邹菲：《关于内容分析法的研究》，《中国图书馆学报》2004年第2期。

来的缺陷与不足，是一种目的性与客观性兼具的研究方法。

内容分析法建立在对研究资料分析的基础上，具有质性研究性质，在统计分析时又具有量化研究性质，因此具有较高的适应性和全面性。当其作为辅助研究技术时，可以与相关案例、访谈或者问卷研究结合，从而更深入有效地探讨所研究的问题。本书在阅读大量文献资料并选取出适合的文献内容的基础上，将内容分析法与访谈法结合使用，对由访谈得到的文本进行内容分析，提取胜任特征关键概念条目，这样不仅可以始终基于文献得出客观的"量"化信息，而且又能反作用于质性研究，有利于获得大学校长胜任的特征内涵。

第二章

大学校长专业胜任特征的理论依据

大学校长专业胜任特征的研究是现代大学治理的重要范畴。从探测性研究出发，中国特色的大学发展变革中，新起点面临新问题，对校长专业胜任提出了新要求；从描述性研究出发，需要观照现代大学治理中校长权力运用及权力关系，实现大学善治；从预测性研究出发，大学校长职业化趋势，大学治理专门化提出校长专业岗位要求，需要研究教育家校长的领导特质与领导行为，进而研究校长专业胜任特征内涵、识别方法及模型等，因此大学治理理论、大学校长职业化理论、教育家校长领导理论等是大学校长专业胜任特征及模型的理论基础，富有解释力。

第一节 大学治理理论

比较高等教育家阿特巴赫曾指出，"大学是一个相当复杂的组织，同时又是一个高度分权的组织。为了避免大学这一个性化特征极强的组织内部无政府化，加强科学管理是唯一的选择"。大学是一个社会，它并不是整齐划一的机构，而是由拥有自治权的各种利益团体组成,因此,大学科学管理方式是从科层管理到共同治理,体现的是利益相关者参与治理的权力平衡。

一 大学治理内涵

"治理"(governance)一词源于拉丁文和古希腊语,原意是控制、引导和操纵。1995年,全球治理委员会发表《我们的全球伙伴关系》的研究报告中,从三个方面阐释了治理的定义:一是治理主体,为各种公共或私人机构;二是治理目的,通过对共同事务的管理,需高度整合相互冲突或多元为特征的利益主体;三是治理方式,它既是规范人们行为的正式规则和制度,又是符合人们利益的非正式安排。组织治理起源于公司治理,引入至公共服务组织,作用于公共领域,产生了公共治理理论。公共治理作为补充政府管理和市场调节不足应运而生的一种社会管理方式,逐渐成为公共管理的重要理念和价值追求,它既是各国政府改革的实践总结,又是影响各国政府再造的一种全新理念。[①] 关于"治理"的范畴,从最笼统的考察领域来看,至少可以分为经济学、政治学与公共管理学三个学科背景。学者罗茨关于治理的定义较为全面:"作为国家管理活动的治理,它是指国家削减公共开支,以最小的成本取得最大的效益;作为公司管理的治理,它是指指导、控制和监督企业运行的组织体制;作为新公共管理的治理,它是指将市场的激励机制和私人部门的管理手段引入政府的公共服务;作为善治的治理,它是指强调效率、法治、责任的公共服务体系;作为社会控制体系的治理,它是指政府与民间、公共部门与私人部门之间的合作与互动;

[①] 任维德:《公共治理:内涵 基础 途径》,《内蒙古大学学报》(人文社会科学版)2004年第1期。

作为自组织网络的治理,它是指建立在信任与互利基础上的社会协调网络。"俞可平在《治理与善治》中指出,任何组织都有一个治理问题,学校也不例外。卡内基教育促进会将治理定义为作决策的结构与过程,从而区别于行政和管理。伯恩鲍姆则详细描述了大学治理的内涵,他认为是平衡两种不同的但又具有合法效力的组织控制力和影响力的结构和过程,一种是董事会和行政机构所拥有的基于法定的权力,也称科层权力,在中国称为行政权力;另一种是教师拥有的以专业为基础的权力,称为学术权力,即科尔森描述的大学学术权力与行政权力结构的二重性。美国高等教育研究协会则简洁地归纳为"大学内外部利益相关者参与治理大学重大事务决策的结构和过程"。因此,大学治理可概括为大学组织决策权力在各个主体之间的配置及行使,预示了大学基本价值取向应为学术自由和学术卓越,学者在大学有较高的地位和荣誉,大学内部治理在某种意义上是保障学术权力的参与和决策,因此,应维护学术权力的独立性和自主性,协调大学行政权力与学术权力的关系。

治理概念源于西方,中国学界和政策层面通常使用领导体制和管理体制,其区别在于,领导体制强调科层体制的自上而下和行政权力居于决策主导和中心,管理体制概念更为宽泛,是组织的决策到运行过程中的决策与协调管理,治理则是处于顶端的组织权力对于重大事务的决策。

大学作为特殊的文化组织,自诞生之日起就具有"松散结合的系统"和"有组织的无序状态"的组织特征,权力配置的重心过高必会抑制组织的生机与活力。从中国大学治理现状来看,治理的核心问题是学术决策权的分配及行使问题,需要权力重心"下沉",大学组织运行的矩阵模式表达了学者既要维护其所在的学科,又力图参与学校和学院中重大事务的决策。一是大学治理应纵向分权，现代大学精神和大学理念强调，尽可能保持分权决策程序是非常重要的事，学院是大学学术事务最为集中的一层，"大学院、小学校""学院的大学"的发展模式，表明学院才是大学的重心。二是应横向分权，保持学术权力与行政权力协调，这需要树立一切以学术进步为本的大学治理理念，完善学术权力的制度保障机制，以保证学术权力的实施有章可循，有法可依。以学术权力配置及行使为核心的治理理念及制度安排也是中国现代大学制度建设的重要方面。

　　大学作为特殊的社会组织，既具有社会性，又有相对的独立性，大学的学术性、教育教学规律决定了大学的自主性，因此，大学治理又可分为内部治理和外部治理[①]。西方学者谈及治理一般指内部治理，因为大学自治是西方大学的天然权力与传统，在成立之初，多数学校就通过特许状或章程规定了大学与宗教、大学与政府、大学与社会之间的关系，使大学拥有了相应的自主权，因而外部治理在西方大学不成为问题，治理研究的重点在于内部治理。大学自治权是大学内部治理的前提，在中国，高等教育法赋予了大学法人地位并确定了大学自主权，为大学创造了新的发展环境，当权力回归大学，内部决策的重要性和质量要求显而易见，大学内部治理需要重点关注和研究，从大学校长与大学治理的关系来看，也需要着重从内部治理来研究。大学内部治理的基本方面包括治理结构与治理过程，完善大学治理结构，深化校内管理体制是中国特色现代大学制度的应有之义，内部治理结构将成为影响大学发展的重要因素。

---

① 刘献君：《院校研究》，高等教育出版社 2008 年版，第 220 页。

二 大学内部治理结构

大学内部治理结构是大学治理的基础与前提。结构主义认为，治理的关键在于结构，结构要素包括治理机构、职权、程序和角色等，结构主义理论视域较为广泛，研究集权与分权，研究规模效率和行政官僚体制等。治理结构是由单个的治理机构按照一定的权责关系组合，治理机构通常指人员组成、职权范围、会议制度及工作成效等。一般而言，美国大学内部治理结构普遍采用董事会领导下的校长负责制，董事会由与学校有关联的各利益相关者组成，包括校长董事、学生家长董事、教师董事和包括政府官员、社会名流等在内的社会人员董事等，董事会负责对大学各项重大事宜进行讨论和决策，管理学校和学生，安排课程和教学，管理学校财务等，是学校的最高权力机构，也是学校的法人代表。[①] 大学校长则一般由校务委员会或董事会任命，其职责主要是董事会各项决策的具体执行者和形象人，是董事会与具体事务间的桥梁。行政上的一长制与决策的民主制构成了美国大学内部治理的主要特色。大学内部除了董事会和校长、副校长进行大学事务的直接管理和决策外，各种委员会的参与也非常重要，包括校务委员会、教授评议委员会、教师发展委员会、调查委员会、体育运动委员会、知识产权委员会等众多名目。[②] 这些委员会的设立，正是美国大学内部各利益相关者参与大学治理的表现，它们往往由教授、教师、大学行政人员、学生等组成，能够更充分地反映内部各利益相关者的利益诉求，促进师生参与大学治理并维护其权益，制约董事会和校长的决策和执行，

[①] 张斌贤：《现代国家教育管理体制》，上海教育出版社1995年版，第20页。
[②] 王英杰：《美国高等教育的发展与改革》，人民教育出版社1993年版，第107页。

大学内外部各利益相关者的参与有利于实现民主和制衡。除了学校内部的一套治理机制以外，有的大学还建立了跨学校的协商交流机制，主要形式是大学校务委员会协会、大学校长委员会和董事会主席协会。通过这种非官方的形式将所辖大学的校务委员会、董事会及校长组织起来，提供交流的平台，不仅能加强大学间的交流和协商，也能联合起来共同处理大学与政府、社区、社会团体的关系。这就将大学内部利益相关者与外部利益相关者一定程度联系了起来，通过对外部治理的完备来保障、推动和完善内部治理结构。

在中国，规范意义和实践意义的大学内部治理机构是高等教育法规定的：通常形式是党委会、校长办公会或校务委员会、学术委员会、教职工代表大会，四个机构之间的权责关系组成了一个基本结构，法律还规定了权力分配：党委会是最高权力机构，负责学校的重大决策；校长在党委领导下独立负责，通过校长办公会（或校务委员会）全面管理教学、科研和行政事务；学术委员会具有学术事务的审议权；教职工代表大会享有对学校管理的监督权。近年来，在现代大学制度探索的过程中，出台了一系列规程与办法等法规细化了相关主体的权限，特别是赋予了教授治学权限，教授对学术事务或学校重大发展事项具有决策权，"教授治学"实现了法治化，大学内部治理结构的集权刚性得到了缓解，但学术权力与教职工代表大会仍处于决策辅助地位。研究型大学和一般大学在治理过程中权力分配及影响力各有差异。当前，治理机构改革是在学院一级整合原有的对应学校层面的教学指导委员会、学术委员会，设立新的教授委员会。学院治理机构的变迁有利于学术主导的学院教学、科研及学科发展重大事务的决策。治理机构变革是治理结构的要素变革，但结构的本质还是应体现于要素与要素的联系中，不同的关联产生不同的结构,治理结构最终体现在治理机构之间权力和责任的关系上。

现代大学科学管理的基本价值取向之一是效率,高等教育大众化、普及化,大学规模扩大,管理事务日益复杂,建立职权分化、权责明晰的治理结构能够迅速有效地对事务决策做出反应。伯恩鲍姆的研究证实了有明确分工和角色规定的委员会这一清晰化的治理结构能提高治理的有效性。治理机构规模限制、参与人员的角色任务清晰与专业水平有助于提高决策效率;治理结构关注决策权力职位与分配的合理性,权力职位的设立虽有权力制衡,但治理要素在促进发展、发挥协调方面会产生巨大影响。

英国教育家怀特海有言:"管理一所大学的教师队伍与管理一个商业组织决然不同。教师的意见以及对大学办学目标的共同热情是办好大学的唯一有效保证。"[①] 但从现阶段治理的普遍现状看,由于国家治理体制框架、传统计划经济体制惯性、市场经济环境下竞争与效率的社会取向、大学巨型组织化、大学文化传统等因素影响,使行政权力依然是治理中的活跃方,行政强势仍是主流,学术权力治理较之显得弱势。一段时间以来,批判大学内部行政化取向、行政职位官本位、行政权力泛化、片面强调组织竞争与绩效优先以及强化集权虽有一定改善,但可以预见在未来相当长的时间内,都将固化为行政权力为主导、学术权力参与部分事务决策的治理模式。治理理念倡导、治理结构制度样态和制度执行虽已初现端倪,但治理实践和治理过程运行平稳和有效依然任重道远。

---

① 陈文博:《一流大学要有一流的软境》,《国家教育行政学院学报》2002年第4期。

三 大学内部治理实践过程

大学治理作为一个过程，具有以下特点：运行向度是上下互动的；治理主体是多元的，且每个主体都是一个中心，希望拥有自主权，自行管理本系统内部事务；治理属性是对重大事务进行决策；治理的方式是为确立共同的目标，主体间相互合作、协商，形成伙伴关系。

治理过程与治理结构是动态执行与静态制度的两个方面。治理结构具有规定性，因而具有稳定性和可观察性，易于改进。治理过程具有环境条件变化性、文化因素和人的因素，因而治理过程具有不确定性，形成了治理模式多样化，治理结构和治理过程复杂，往往对决策产生深刻影响。

治理过程不确定性主要表现为人的因素对治理的影响。在中国，大学内部治理结构中行使政治权力和行政权力的党委与校长，行使学术决策权的教授，行使"民生"事务认可权及学校发展事务监督权的教职工代表都能通过治理机构发挥作用，其参与数量和专业知识会对治理产生特殊影响。治理方式是协调不同利益主体的利益关系，以协调行政人和学术人的关系为核心，强调以生为本、以师为重，加强互动、建立信任等，有利于治理的顺利进行。参与治理人员的专业水平有助于提高决策质量。在中国，治理权力较为集中在科层权力这一元，校长个人特质、教育思想、专业素质和能力对治理有效性会产生直接影响。作为治理核心人员的校长，其治理专业水平是选拔校长的关键要素。

四 内部治理模式多样化与大学校长专业胜任

在治理过程中，治理结构具有基本的权力责任分配关系，在美国大学治理运行过程中，教师因素、学生因素、董事会影响、校长权力、有权势的潜在反对者，都对治理决策形成影响，正如鲍德里奇在《大学中的权力和冲突》中提出治理政治模式所阐述的，由于影响力和非正式过程常常会左右政策的形成，因此人人都处于组织决策过程的中心，决策过程有各种利益主体的利益诉求和价值冲突，这些都在治理结构框架之下，是人的影响而非结构。在政治模式中，利益主体参与动机与利益、价值冲突、协商与博弈等因素，会稀释治理结构的理性价值，中国传统文化中的"人情社会"因素在大学运行过程中形成的人际影响更为凸显。科恩和马奇基于大学组织特征"有组织的无政府状态"假设，提出了"垃圾桶"决策模式来解释大学决策模式，关注动机、领导、沟通等人际关系对治理的影响作用，他在《领导与不确定性》中指出治理过程中的不确定性与治理结构规定性有冲突，反思了治理结构决策的理想性。伯恩鲍姆更进一步得出三个方面的治理观点：一是治理过程中的政治因素抽象化并无实践指导意义，一个大学可行的政治模式在另一个大学并不一定有效。二是治理中的象征意义，他特别提出了教授专业的学术权力重要功能不在于他能决策，而在于作为大学成员的教授，他们代表大学，决策在于教授对于专业的忠诚和专业价值的信仰及其对现行行政权力的认可。三是他在《大学运行模式》中描述了四种运行模式，认为大学治理模式具有描述性意义和特征，而并非是规定意义上的治理结构，好的治理模式是根据大学的不同而有所不同，小型学院类似各种学会的共同治理，同事协商是较为成功的治理；规模较大的大学，政治性模式更为有效。科尔以校长行政权力为支点，总结归纳了美国大学四种治理模式，校长作为行政权力中心的行政权威与个人责任结合的科层模式；校长作为影响中心的同事协商模式与共同治理；校长作为权力和影响中心的多中心模式与政治联盟；校长权力与影响有限的有组织的无政府模式与共同治理下的个体决策，可见治理模式的多样化。因此，大学所处历史环境不同，大学学术基础与文化底蕴不同，内部利益主体参与的喜好不同，形成各自不同的治理模式。治理模式多元、大学治理个性化特征才是治理的真实状态。

对于治理中的人和文化的影响作用正如研究者所提到的，内部治理结构需要在大学成熟的文化土壤上才能有效发挥作用，因为在全球治理的时代，新的规则和方式冲击着传统，大学治理方面亦然。治理结构的制度设计不可能完全考虑各方面现实条件，并以强制命令式的行为方式实现，在外部环境上，经济全球化、网络时代、生态危机、信息高速时代等概念给治理印上了"效率""速度""利益最大化"等标签，制度的刚性与静态、外部治理环境的影响都需要靠大学文化和精神上的感召来弥补和推动，显现了治理结构与治理文化共同作用下的治理形态。

从校长行政权力的运行来看，治理结构安排和治理过程中的不确定因素形成校长行政权力运行的多种模式，从大学发展形态分辨出大学治理模式的类别，在类别中又因为行政文化与学术文化作用机制强弱不同，党委的政治权力在行政权力中的"收"与"放"不同、校长个人特质与治校风格不同等，甚至形成千校千种治理模式，如伯恩鲍姆所说不是治理结构的规定性，而是治理结构的描述性，由此推导会发现，居于治理中心的校长，治理结构中的校长权责的刚性及其多种治理模式中文化因素的弹性显示了大学工作的复杂性和专业性，对校长专业性及特质提出了要求，需要校长权力运行及工作行为发生转变，校长角色需要调适和定位，校长胜任将越越来越需要考量治理理念、教育理念、专业伦理、治理能力、治理效率效益及影响力等，这些对校长工作胜任提出了新的挑战，需要研究校长的角色定位；校长岗位专业伦理；校长个人特质与治校风格、决策作用；规范、推进、指导、协调等执行过程；成效及影响力等校长专业胜任范畴。

第二节 大学校长职业化理论

走出象牙塔后大学社会责任增加，功能多元，大学在新一轮发展竞争中，需要重新分类分型，需要形成办学个性特色，都表明大学管理日益复杂化。科尔、艾略特、博克等美国高等教育理论家的研究对校长多重角色说、大学治理理念、大学校长的遴选及大学校长职业化趋势进行了深入探讨，引起了人们关注，中国高等教育法明确规定了大学具有法人地位，赋予了大学相应的办学自主权，激发了大学的办学活力。大学在办学自主过程中，应有以下四个方面转变：从按计划的单一的行政职能与行政依附机构向自主、竞争、经营与服务等多重职能的独立办学机构转变；大学校长从听命政府行政管理的职务角色到面向社会自主管理、自我发展的教育领导专业角色转变；大学校长应从学者、官员甚至企业家到具备专业精神、专业伦理，热爱教育事业全身心投入的教育家角色转变；大学选人用人导向从官本位行政化、学者化到专业管理的教育家校长转变。四个转变无不彰显了大学校长职业化的发展趋势。据此，需要讨论职业化概念内涵、特征及价值等。

一 大学校长职业化内涵及特征

大学校长职业化是针对校长管理制度导致治校观及工作行为出

现偏差而提出：校长被当作一种行政职务的官员校长，政府通过选拔任命，赋予校长行政权威，校长按照政府下达的行政命令来管理学校；官员校长往往重视个人职务升迁，轻视教育组织发展规律；精英教育发展阶段和管理理念下选拔的"双肩挑"兼职校长，往往重视个人的学术发展，一心二用，片面追求个人学术领域的学科发展，轻视大学学科传统优势，忽视大学学科的科学发展和特色发展；大学自主竞争发展中，出现绩效本位"CEO"校长，以管理业绩为导向，以企业组织追求产出和效率作为评判大学的标准，轻视大学组织的文化属性和人文精神。探讨大学校长职业化的内涵，需要先从职业化的概念着手。对于职业化概念有许多不同的提法，其基本内涵是，"职业化"指从事专业工作的一种从业资格管理，根据不同的专业工作要求制定不同的执业标准，并按照法定程序取得相应职业资格。职业化要求首先在相应领域内能持续稳定工作，且须具有专门性，不同的职业具有不同性质、内容、操作形式，需要不同的素质、能力才得以胜任。其次，职业能够带来稳定收入，获得相应报酬。最后，强调熟知该行业的规范及约定俗成的职业精神，并推动该行业的发展和成熟。实行职业准入制度标志着社会各行各业从"身份社会"向"能力社会"转型。

国内学者研究指出，"职业校长"是针对"职务校长"提出的，主要是把不介入市场的"官本位"职务校长，转化为能够介入市场参与竞争、经营教育和获取资源的职业校长。其目标是"改变中国原有的'官本位'的校长角色定位，在市场的动力作用下，建设成一支具有专业精神的校长队伍"。上述观点对校长身份和角色进行了重新定位。校长作为一种职业而不是一种职务，核心是校长专业化，曾经不论是政治家、科学家还是企业家，一旦被任命为校长，主要精力就须放在校长岗位，其主业就是履行校长职责，以校长为职业，全身心投入学校管理，强调的是校长岗位职业伦理优先，正如牛维麟所指出的，将校长作为一种职业而不是一种学术工作之外的兼职工作，意味着其独特的职业资格要求。刘道玉呼吁，"建议试行大学校长职业化，由教育家治校，把大学校长的遴选权交给大学的教授们"。他强调校长岗位的教育专业性及遴选条件和方式的教育属性特征。不可否认，处于高等教育大众化时期的中国大学校长还远未实现大学校长职业化，但是我们始终强调大学校长应当职业化，这种职业化是面向未来的，合育人目的性、为教育组织所要求的，让有志于大学校长事业的社会精英从自身科研的重负中或从官僚体系的科层中解放出来，志愿献身于教育事业，在大学法人地位落实及岗位薪酬制和退出制完备的条件下，促进符合大学教育组织目标需要的、以教育事业为本位的教育家校长生成。

校长职业化以美国最具有典型性，可以概括为以下五方面：第一，校长从业资历要求多元化。从美国高等教育认证理事会调查报告来看，美国的校长主要来源于其他高校、金融行业或政府。2007年有调查报告显示，美国大学校长来自大学系统之外的约占13%，这种机制既有助于大学的管理创新，也有助于保持大学的组织活力。第二，有明确的遴选过程和任职标准。美国大学校长的遴选一般是在董事会领导下成立专门的遴选委员会，每一任大学校长都有明确的任职标准，密歇根大学的一份遴选草案指出，大学校长应具备的品质包括学术背景、博学、管理以及协作技能等。第三，校长是学校里有职有权的最高行政负责人。大学校长对董事会负责，全权负责决策行政事务，统管教授会。第四，任期灵活且多数任期较长，美国大学理事会调查结果显示，在任期的年龄结构上，美国大学校长从 1986 年的平均 52.3 岁增长到 2006 年的 60 岁,任期从 6.3 年增长到 8.5 年,值得关注的是 61 岁以上的校长比例在 2006 年已达 49%。美国卓越大学校长遴选经验说明,美国更倾向于选择经验丰富的职业化校长。第五,有合理的薪酬体系。美国大学校长的薪资丰厚,包括较高的基本工资和奖金福利,不菲的递延薪酬和养老金等。美国媒体《高等教育纪事报》发布的最新美国大学校长薪酬调查报告指出,美国公立大学校长 2016—2017 财年和私立大学校长 2015 年最新薪酬数据显示,共有 70 位校长薪酬超过 100 万美元,而在 2009 年薪酬超过 100 万美元的校长仅有 36 位。该调查历经 10 年,涵盖了超过 1400 位美国校长的薪酬,权威数据表明了校长高薪趋势,高薪待遇是大学职业化的重要标志也是重要保证,薪酬的增长及高薪校长占比的增长反映了校长作为一种复杂的专业劳动岗位,其卓越价值逐渐得到体现。

二 大学校长职业化价值分析

大学校长职业化价值凸显在以下三个方面。

(一) 促进大学自主发展

过去政府对大学实行的是垄断式掌控,校长角色被看作行政干部和官员,政治角色定位和配备相应政治待遇,校长与政府的关系是一种依附与被依附、服从与被服从的上下级关系。这种关系存在很大的弊端,诸如,大学校长不能形成自己独特的办学理念、助长官本位思想、加剧官僚主义、滋生腐败现象等。当今外部市场经济要素影响下,配置资源的方式是自由竞争、流通、供求关系等,具有法人地位的大学,应拥有一定办学自主权,遵循市场规律,推进大学变革发展。因此,大学校长职业化要求校长职务本位向能力本位转变，引领大学把握时代脉搏，抓住发展机遇，思考大学走向，制定大学发展战略，推进大学内部治理，并在竞争中求资源、求人才、求发展，谋求自我管理和自我发展之道。在强调人才兴国的今天，大学校长亦应当在职业化道路上努力实现专门化，寻求自身增值和追求卓越。

（二）完善现代大学制度

学者对现代大学制度的探讨和研究基于不同的理论视角有着不同的主观见解，比如，张应强教授从文化学的角度来解释现代大学制度核心：协调、规范大学组织的内外部关系，建立现代大学制度的一个切实要求就是要加快转变政府职能，把大学自主权落到实处，政府对大学由权力控制转向有限责任制，另外要加紧厘清大学与社会、大学与大学的关系，以及提高高校内部管理效率等。[①] 可见，现代大学制度是指与市场经济体制和高等教育发展需要相适应的大学外部关系、内部组织结构及大学成员行为规范的体系。从学者的研究观点及管理体制范畴来看现代大学制度，涵盖了大学内外部治理的方面，但基于自上而下的科层权力系统视角，审视大学内部领导体制变革就更是现代大学制度建设的应有之义。大学内部领导体制中党委领导下的校长负责制是中国特色，必须长期坚持并完善，但也面临如何完善的问题，比如，如何正确处理行政与党委"一把手"的关系；保证党委集中统一领导、校长独立负责与共同治理的关系；集体决策与个人负责的关系；民主参与、监督制度如何发挥效力等问题。大学校长职业化能为解决这些问题提供一个可靠的思路，大学校长职业化更有利于去官本位，有利于校长成就教

---

① 张应强：《论现代大学制度建设的文化取向》，《高等教育研究》2002年第11期。

育家角色,形成独特的治校理念,从而更好地保证校长独立负责、自主地开展工作。

(三) 促进校长按教育组织规律办学

从组织的角度来看,社会组织类型分为:经济组织、政治组织和学术组织。学术组织强调探索真理,以学术创新引领教学科研育人活动。学术性是大学的本质属性,大学校长作为学术性组织的管理者和学术人的引领者,在管理和实践过程中需要排除其他外界因素的干扰,遵循学术规律,保障学术自由,推进学术创新。但是中国当前的大学校长由政府直接任命,校长成了连接政府与大学之间关系的纽带,并且形成了科层制的集权主导,往往容易忽视大学学术组织的特性,职业化要求校长要拥有先进的教育理念,懂得教育,尊重学术,鼓励创新,包容失败,崇尚民主,保护自由,以学术创新引领大学发展使命。大学校长职业化有利于促进大学按学术组织、教育组织规律办学。

三 大学校长职业化要求

大学校长职业化兼具了历史使命和时代意义,对大学校长提出了相应的专业胜任能力要求。一方面要求校长从观念上进行转变,树立一种适应新时代、新要求的校长专业角色及胜任理念;另一方面也要求校长遴选应注重胜任标准设计,提升和发展符合校长职业化需求的专业岗位胜任的各项能力。

(一) 观念变革

观念是大学校长对大学主观与客观认识系统化的集合体,新的阶段高等教育发展进程不断加快,大学校长观念、自身素质与能力都应更新与变革。

1. 由职务观到专业观

校长们要真正走出官场，步入学场，从"做官"转变为"治校"，由行政岗位变成专业岗位。从岗位要求出发，树立自己的专业观念，认同并践行大学校长的专业化。近几年，山东大学校长徐显明退出该校"学术委员会"；湖南大学校长赵跃宇承诺在任期间"不申报新科研课题，不新带研究生"；北京师范大学新任校长董奇在就职演讲中提出了"不申报新科研课题、不招新的研究生、不申报任何教学科研奖、个人不申报院士"的"四不"承诺，从山东大学到北京师范大学，并非是几个试点、几个承诺或者说是上级组织要求，而是大学组织发展使命要求使然，在向世界一流大学迈进的过程中，中国推进大学校长从"职务"走向"职业"将成为必然趋势。因此，职业化视域下的大学校长应当是教育岗位、专业胜任的，前提是全身心投入的。

2. 由事务观到事业观

事业是一个人可以一辈子矢志不渝为之奋斗，解决人类最高层次需求的，社会认可和自我价值得以真正实现的人生目标追求、抱负和理想。职业化要求大学校长由传统的听从上级指令的事务观念转变为事业观，始终以治校为业，自主独立负责地开展工作，把引领学校发展视为个人自我价值实现，终其一生为实现自己的教育理想而坚持不懈努力。在第一届中外大学校长论坛上，曾任柏林工业大学校长的库茨勒阐述了他在该大学践行治校事业的实际行动，那就是校长在任职期间，只能将所有的工作重点放在大学的管理上，而不再进行学术研究和带研究生等其他的工作，避免精力的分散。也就是说，现代巨型大学的校长从来就不是一种能够兼职完成的事务，而应是一项需要投入全部身心的崇高事业。不仅如此，还需要把握学校发展形势，分析优劣，深入了解学校发展传统和基础，思考学校发展战略，制定任期发展目标，进行科学决策，推进治理。因此，职业化视域下具有事业观的大学校长应当具有崇高的教育理想抱负，始终坚持将治校事业和教育事业发展目标作为自己的人生目标，才能成就教育家事业，达到人生价值实现的最高境界，超越校长专业岗位胜任一般要求。

3. 由绩效观到育人观

职业化要求大学校长不能停留在过去的"绩效为上"的错误观念中，数字并不能衡量大学的发展水平，政绩也并不代表是优秀校长，能管理好公司企业也不代表就能管理好大学教育组织。就大学组织而言，校长职业化应当是基于大学教学科研的学术组织和育人组织特征，熟悉大学办学规律，按照知识传承规律、学术创新规律和学生个性成长规律进行治理，因此，职业化视域下的大学校长应该是具有独特教育理念和学术底蕴的专业校长。

（二）能力变革

2011年底，在中国首次面向海内外公开选拔两所直属高校校长的公告中，教育部明确提出"熟悉高等教育规律，有较丰富的办学治校经验"是必要条件。以往常有大学系统之外的行政官员"空降"大学担任大学校长，但行政官员只有从政经历，没有从事教育管理工作的实战经验，与校长岗位专业要求并不完全匹配，这种选拔办法，过多考虑政治性而不注重考虑教育专业属性，是不明智也不科学的。这种情况也容易造成大学校长对政治的关心多于对教育、对大学的专注，在价值取向上则更容易受到政治力量的影响，而容易忽略按教育事业、学术事业的规律办学。因此，在职业化要求下，大学校长应经过专门训练或具备教育管理实践经验，特别是办学治校方面的经验，把管理经验转化为办学治校的能力。具体而言，这种能力的转变体现在以下三个方面。

1. 从行政事务管理到现代大学善治

大学校长如果忙着"做正确的事"，校长办处长甚至科长的事，这种事务管理观，如苏步青教授所言，这个校长科员也可以当，因为依样画葫芦谁不会?！一个缺乏教育思想的人只能当大学的"事务长""管家"，而不能做大学的校长，自然与教育家无缘。在现代大学治理背景下，应"正确地做事"，即应有先进的、独特的现代大学教育思想、治理理念，运用于治校实践；用教育思想、治理理念引领大学，以教育理念治校、学校战略治校、治理制度治校、教学文化和学术文化治校；对重大事务、紧急事务、繁杂事务"弃繁就简""抓大放小"，充分发挥校长在学术发展战略中的引领和把握作用，履行大学发展职能的同时履行协调职能，维持行政独立负责与党委领导之间的平衡、行政权力与学术权力之间的平衡、公共利益导向与大学利益之间的平衡等，推进大学发展与学术进步。印第安纳大学校长韦尔斯任职25年，他说他每天提醒自己，行政管理必须永远是学术群体的仆人，管理事务本身不是目的，管理之所以存在是为了推动学术事业，因此最少的管理可能是最好的管理。

2. 从学术研究能力到治校实践能力

近代大学校长，特别是中世纪时期的大学校长，大多是学者型的，他们具有卓越的学术研究能力，是某一学科领域的专家和带头人。在大学精英教育阶段，校长作为学术象征，在高等教育进入大众化并即将迈入普及化阶段的现代大学，校长若再以学者身份自居而对工作被动应付，受到师生及社会的尖锐批评将理所必然。学术能力的优越已不再是成为优秀校长的首要条件，职业化要求校长的教育思想、治校实践、学术经历都是校长遴选的资格标准，治校能力更加强调形势判断、战略思考、决策部署、经营管理、利益协调、推进创新等。

3. 从绩效经营能力到教育管理能力

在论及大学校长职业化之时，人们往往会出现认识上的误区，认为强调职业化就是强调大学如企业，需要经营型校长，将优秀校长等同于卓越的企业管理者，这不是真正适合大学作为教育组织和学术组织特征和需要的校长，大学组织孕育文化的属性和育人的人文属性决定了大学的"产出"是积淀式的、滞后的，大学的产品是人也是精神产品，科研是服务于人才培养的，社会服务是基于知识和研究的，大学也评价绩效，也参与竞争，也与社会互动与联系，但这些是手段，并不是目的。大学有自己的治理架构，有松散结合和有组织的无政府状态属性，有"保守"和"宽容"的品格，这些都是基于大学组织的学术性，不懂得大学与企业与经济组织不同，就会犯下和哈佛大学原校长具有经济学家背景的萨莫斯同样的错误。对于服务大学组织的校长而言，职业化就是要求校长成为深谙大学育人组织、学术组织特性，懂得大学办学治校规律的教育家。

第三节 教育家大学校长领导理论

在世界高等教育发达国家，大学和政府的有识之士都认识到，强大的大学或院校领导的重要性，教授在与强势的校长而非弱势的校长合作的时候会更为有效率……大学需要强势的领导这一事实被许多国家广泛接受。① 对于大学校长而言，因为学校环境、大学本身所具有的多样性，治理组织富有独特性，对于大学校长本身的要求也应该具有多元性，所以校长个人特质和行为能力尤为重要。依据大学的组织特性，引用组织领导理论的相关研究成果，从领导特质和领导行为两个角度，探寻作为教育家的大学校长所应具备的"教育专业"要求及其教育家领导特质与领导行为，对校长专业胜任特征研究具有较好的适用性。

一 教育家大学校长领导特质理论

领导理论发展的第一阶段体现为领导特质理论，虽然后来受到来自领导行为理论和领导权变理论的质疑与冲击，在一段历史时间内有所低迷，但是后期又重新被人们所接受，得到了新的发展。特质理论对于领导的研究主要集中在领导者的特质上，也就是那些能够把领导者从非领导者中区分出来的个性特点，它强调领导者自身一定数量的、独特的并且能与他人区别开来的品质与特质对领导有效性的影响，② 代表性的研究结论主要有：管理学家、社会系统学派的代表人物切斯特·巴纳德认为领导者应该具备的基本特质是：（1）活力与耐力；（2）当机立断；（3）循循善诱；（4）责任心；（5）智力。著名的心理学家斯托格迪尔还对领导者需要具备的特质进行了补充，他认为还应包括促使其进行任务运作的内驱力、自主创造力、团结合作的能力、不惧困难、有担当、社交能力、决策能力。③ 通过对中国大学领导进行的相关问题研究，任国华和孔克勤

---

① 马万华：《多样性与领导力——马丁·特罗论美国高等教育和研究型大学》，教育科学出版社2011年版，第161页。
② 刘永芳：《管理心理学》，清华大学出版社2008年版，第233页。
③ 同上书，第234页。

在 2008 年提出了由七个维度共计三十个特质组成的，适用于教育领域管理者和领导者特质的系统，这些维度分别是自治与成熟性、宜人与合作性、身心健康与理智性、开拓与组织适应性、责任与条理性、自信与进取性、稳重与务实性。①

领导特质理论中，对于领导者特别是高等教育领导者应当具备的素质也进行了相关的研究和论证。王乐夫提出，领导者的素质主要包括政治素养、知识素养、能力素养和心理素养。② 薛天祥则认为，对于高等教育领导者的品质，一般来说可以概括为思想品德素质、知识素质、能力素质和身心素质四个方面。③ 王孙禹从高校管理角度提出，高校领导者应该具备的素质有：前瞻性、真诚、较强的工作能力、民主意识、坚忍不拔的意志和清正廉洁的工作作风。④

领导特质理论告诉我们，作为教育组织特征所需的专业领导，其大学校长必然需要按教育家所具有的不同特质类型，在一定程度上区分不同校长的领导力与治校成效，因此胜任教育家校长所必需的特质成为研究探讨的主要问题之一。结合大学的组织特性与领导特质理论，或许我们能够得到一些启示。

大学作为教育组织的育人性要求大学校长理应是教育家，必须懂教育，懂人才培养，具有育人理念与教育思想，并做到以学生为本，关爱学生，关心学生成长成才；大学作为学术组织的学术性要求大学校长爱惜人才、崇尚学术、保护学术自由、包容不同的理念与声音，同时保持理性、追求价值；大学作为文化组织的人文性要

---

① 任国华、孔克勤：《高校及教育系统领导干部构念人格特质与岗位胜任性关系》，《心理科学》2008 年第 1 期。
② 王乐夫：《领导学：理论、实践与方法》，高等教育出版社 2013 年版，第 65—74 页。
③ 薛天祥：《高等教育管理学》，广西师范大学出版社 2001 年版，第 271 页。
④ 王孙禹：《高等教育组织与管理》，高等教育出版社 2008 年版，第 254 页。

求大学校长了解并推崇人文教育，具备人文关怀和人文精神。

二 教育家大学校长领导行为理论

如果说特质理论更多关注领导者的内在个人特质，那么领导行为理论就重在研究领导者的外在行为。领导行为理论认为，依据个人行为方式可以对领导活动进行最好的分类。[①] 具有影响力的行为理论的主要研究成果有勒温的领导作风研究、哈尔平的领导行为描述量表（LBDQ）、管理系统理论和管理方格理论，其中，管理方格理论对大学组织领导行为具有更好的解释性。管理方格理论是由美国得克萨斯大学的行为科学家布莱克和莫顿在1964年出版的《管理方格》一书中提出的。理论的核心是一张对等分的方格图，横坐标表示领导者对生产关心的程度，纵坐标表示领导者对人关心的程度，详见图2-1。

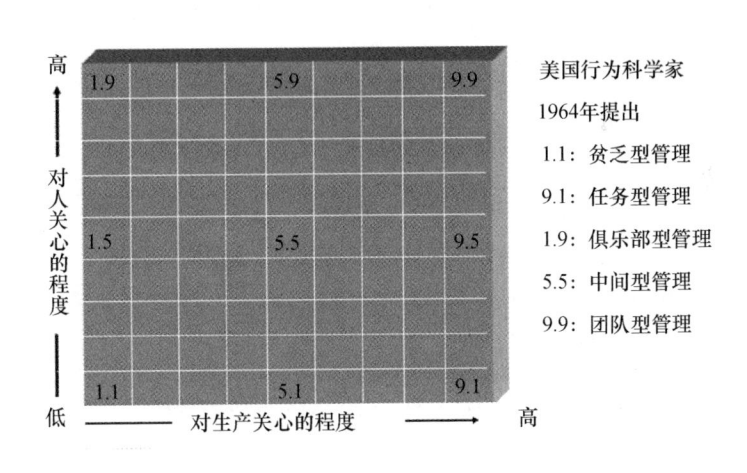

图2-1 管理方格理论中五种基本定向

美国行为科学家
1964年提出
1.1：贫乏型管理
9.1：任务型管理
1.9：俱乐部型管理
5.5：中间型管理
9.9：团队型管理

---

① 王乐夫：《领导学：理论、实践与方法》，高等教育出版社2013年版，第8页。

管理方格理论中,五种基本定向是1.1为贫乏型管理,对人和工作都很少关心,必然是失败的;9.1为任务型管理,重点放在工作上,而对人很少关心;1.9为俱乐部型管理,主要关注点放在人的身上,而对于工作的关心程度很低;5.5为中间型管理,其管理的观念比较中庸,既不会花费过多的精力在人身上,也不会花费过多的精力在工作上,而是采取二者平衡的方式,缺乏自主创新的精神;9.9为团队型管理,对人和工作的关心都达到了最高点。正如布莱克和莫顿得到的调查结果一样,9.9型是最佳的管理方式,这种管理方式不仅发扬了集体精神,而且还能鼓励员工运用智慧和创造力进行工作,[①] 能使员工和生产两个方面最理想、最有效地结合起来。因此,这也是我们最为提倡的校长类型。

领导行为理论探讨的主要问题是,一个领导人怎样领导他的团队,领导者应该关注于取得更高的工作业绩还是应该关心员工更高的满意度,到底哪种领导行为效果更好,哪一种领导形态最佳,与高绩效相关的领导者行为特点有哪些?它启示我们,理想的大学校长类型应当既关心大学组织,又关注组织内的成员。

就大学组织而言,大学校长首先要将自己作为"大学中人",其精神是始终活在"大学之内的人""以大学之乐而乐,以大学之忧而忧",将学校的提升作为自身事业的发展目标,热爱教育,热爱学校,生活在大学之内的"大学中人"的校长,其行为是教育家领导行为的最形象写照。其次关怀人,以人文关怀作为大学治理的基本价值诉求。就关心组织成员而言,以人的事业为本,大学校长应努力创建师生成长成才的优良环境,促进大学创造力的生发,认

---

① 刘建军:《领导学原理——科学与艺术》,复旦大学出版社2007年版,第155页。

识到人才培养是大学的根本使命和首要职责，力求促进每一位学生的全面成长，并形成和谐的内部治理生态。最后关怀大学，既要关注了解整个国内和国际高等教育的新动态，把握新形势，寻找新机会，又要深入了解大学传统优势，学科专业优势，师生人才竞争优势和资源优势，提升大学发展高度。

第四节 大学校长专业胜任特征理论

大学校长作为教育家，其领导特质与领导行为决定了其应具有与其他组织领导不同的特征，角色期待、大学治理要求、大学校长个体追求卓越都指向校长"教育专业"的胜任能力，探寻优秀校长专业胜任特征是选拔、培养、培训、评价及聘任等校长任用与专业成长的理论依据。

一 大学校长专业胜任特征概念与内涵

胜任特征（competence）也称为胜任力，一般认为"胜任特征"一词源于拉丁语competence和competency两个词，并习惯于将其翻译为"胜任特征"，有些学者也会将其翻译为"才能""素质"等。查阅相关英文词典，发现词典中对于competence存在许多不同的解释，比如，谷歌将其翻译成"成功有效地完成一件事的能力"，柯林斯词典将其解释为"能力""技能""天赋""专门知识"等词的同义词，并认为competence可以等同于competency。但当笔者查阅competency一词时却发现各类工具都没有对其有较为详细的解释，有些只是简单地将其等同于competence一词。有学者对这两个词给出了具体的区别阐释，如迈克尔·阿姆斯特朗的研究中就指出

competence 指的是人们应该能够做的事情,而不是他们做事情时是如何表现的。而 competency 则指与优异绩效有因果关系的行为维度,是人们履行工作职责时的行为表现。但是在多数情况下,对这两个词没有进行过多的区分,时勘曾研究发现在西方学者如麦克莱兰、斯潘塞研究著作中,也会将二者等同使用。

胜任特征作为术语首次出现是在怀特 1959 年撰写的一篇文章中,他在论及"行为动机"时提到此概念。1970 年,桑德伯格在论述"管理发展计划的规划"时定义了此概念。1973 年,麦克莱兰在《测量胜任特征而非"智力"》一文中,对胜任特征给予了更加权威和专业的阐释与测评,他认为胜任特征是一种可以直接影响工作业绩的综合素质和行为特征,这种胜任特征并不等同于传统的智力和能力倾向测试,某些潜在因素如态度、认知、情感等,也会影响个人的工作绩效。因此,他强调胜任特征是一种显著区分优秀与一般绩效的个人特征,并认为一些深层次的特征,如动机、特质、自我形象、态度或价值观、专业知识、认知及行为技能等是可以被可靠测量或是计数的。至此,"胜任特征"这一概念真正获得了来自学者和后续研究的持续性关注,形成了较为丰富的国内外"胜任特征"代表性观点,详见表 2—1。

表 2—1　　　　　　　　　　"胜任特征"的概念

代表人物	具体内容
麦克莱兰	与工作绩效以及生活中其他重要成果直接相关的或相联系的知识、能力、技能、特质或动机的总称
博亚茨	胜任特征属于潜在特征,如个体的特质、动机、技能形象、社会角色以及个体所使用的具体知识,这些将为其带来优异的工作绩效

第二章　大学校长专业胜任特征的理论依据　　57

续表

代表人物	具体内容
斯潘塞	胜任特征是个人潜在的特征，包括：知识、技能、自我概念、特征和动机五个层面，这五个层面与有效的或出色的工作绩效相关
弗莱什曼	胜任特征是指激励、概念、知识、技能、能力、价值观和兴趣的综合
希普曼	"胜任特征"这个术语都是被用来定义某任务或活动的"成功"绩效，或某领域"足以满足要求的"的知识或技能
米拉布尔	胜任特征是与高绩效相联系的知识、能力和技能特征的总称
帕里	胜任特征是与工作绩效密切相关的知识、技能及态度的总称，可由统一的标准加以衡量，也可以通过培训加以改善
桑德伯格	工作中的胜任特征并不是指所有的知识和技能，而是指那些在工作时人们所使用的知识和技能
王重鸣	胜任特征是导致高管理绩效的知识、技能、能力以及价值观、个性、动机等特征的总称
仲理峰、时勘	胜任特征是一种可以认知的、意识的、态度的、情感的、动力的或倾向性的，这种能力可以把职位中表现优异者和表现平平者区别开来
彭剑锋	胜任特征是驱使一个人产生优秀绩效的个性特征的集合，反映的是可以通过不同方式表现出来的个人的知识、技能、个性和内驱力等
安鸿章	胜任特征是指根据岗位的工作要求，确保该岗位的人员能够顺利完成该岗位工作的个人特征结构，它可以是动机、特质、自我形象、态度或价值观、某领域知识、认知或行为技能，且能显著区分优秀与一般绩效的个体特征的综合表现
赵曙明	胜任特征是个人所具有的对工作绩效有显著贡献的一系列特征。企业经营者胜任特征是从事企业经营管理工作的人应当具备的能够为企业创造高绩效的心智模式、价值观、个性、兴趣以及能够使其胜任岗位的知识、技术、能力等
萧鸣政	胜任特征是指在特定工作岗位、组织环境和文化氛围中高绩效者所具备的可以测量与开发的个体特征，它们能够将高绩效者和一般绩效者区分开来，其中有潜在的个体特征，也有外显的个体特征
方阳春	大学校长胜任特征主要是指现代大学治理中，能将表现优秀的校长与一般校长区分开来的个体潜在特征，主要包括知识、技能、价值观、动机以及人格特点等方面

总之，主要可以归纳为以下三方面。第一，胜任特征主要是一种潜在的个人特质，即一种特征观，认为胜任特征在于区分出优秀者与普通者，是绩效区分验证的重要形式。国内较早研究胜任特征相关理论应用的学者，如王重鸣、时勘、仲理峰等人就是这种观点的典型代表。王重鸣认为胜任特征是知识、技能、能力以及价值观、个性及动机等导致高管理绩效的特征；时勘认为胜任特征指能将某一工作或组织中有卓越成就者与表现平平者区分开来的个人的潜在特征，它可以是动机、特质、自我形象、态度或价值观、某领域知识、认知或行为技能——任何可以被可靠测量或计数的并能显著区分优秀与一般绩效的个体特征；仲理峰把胜任特征定义为能把某职位中表现优异者和表现平平者区别开来的个体潜在的、较为持久的行为特征；除此之外，陈岩松在其博士学位论文中将胜任特征定义为能将优秀绩效和一般绩效的岗位承担者区分开来的个体特征，如能力、知识、自我意象、动机以及人格特点等；刘晶玉在研究中所提到的"卓越模式"和"基准模式"等，也都可以看作是衡量个人优秀与一般的潜在特质。第二，将胜任特征看作个体的具体行为表现。其观点代表人物是弗莱彻、科克里尔等人，他们都倾向于将胜任特征看作一种可以观察到的、具体的、稳定的、能证实的并合乎逻辑的行为表现。第三，对胜任特征内涵的研究主要是以胜任特征的分类为突破口。学者在对胜任特征内涵及特征进行界定时，就将胜任特征分为两类，即外显胜任特征和内隐胜任特征，并分别对两类胜任特征进行了区分描述，认为外显胜任特征主要包括知识和技能等，是对胜任者基础素质的要求，而内隐胜任特征主要包括价值观、态度、自我形象、个性、动机等，是区分绩效优异者和绩效平平者的关键因素。对于胜任特征内涵的界定，到目前为止仍然没有一个统一客观的答案，但是随着胜任特征理论研究的不断发展，关于胜任特征的内涵研究有逐渐走向综合化的发展态势。学者也都不再将胜任特征的内涵界定在单一的一种类型之中，而是倾向于综合化的定义。例如，章凯就认为，胜任特征是指个性特征和行为特征，即绩优者在特定的工作岗位组织环境和文化氛围中所具备的、可客观测量的、可预测的及可指向绩效的个性与行为特征。通过对胜任特征概念研究的总结概括，笔者认为，胜任特征是指一种完成动作或任务所需的、能够区分出优秀绩效者的、具有个体内在特征的能力与技能。

通过以上三类对比，并依据不同国家、不同时期、不同学者对于"胜任特征"概念的观点可以发现，虽然表述上不尽相同，但是基本都围绕三个关键词展开："高绩效""个体特征"和"特征集合"。因此，对众多定义进行综合和简化表述，将"胜任特征"简要地概括为"能产生高绩效的个体特征和能力的集合"。大学校长专业胜任特征不同于企业高层管理者的胜任特征，而是基于大学育人组织目标需要、学术组织文化属性的校长治校成效和基于斯潘塞冰山模型的校长个人特质，是大学校长富有成效的办学所需的特质群和知识与能力的集合。

二 大学校长专业胜任特征识别方法

罗斯韦尔与林霍尔姆将胜任特征识别解释为识别工作胜任特征的过程。麦克拉根指出，在人力资源管理领域，常被用作招聘和选拔、评价、个体开发计划、培训开发、训练、继任计划以及其他人力资源管理体系。基于罗斯韦尔与林霍尔姆的分类标准，结合当前的实际运用情况，本书将对目前的胜任特征识别方法进行整理归类，可以主要分为以下四大类方法。①

（一）过程驱动法

过程驱动法是进行胜任特征评估的最原始的方法，因戴维·麦克莱兰咨询公司的应用而流行起来，之所以被称为过程驱动法，是因为它更多地强调工作过程，注重高绩效者的工作过程特征。应用过程驱动法的关键步骤包括：(1) 对于被调查的对象，要将关注点集中在对其责任、职责、环境等方面的信息采集上。(2) 筛选出高绩效者的特性。(3) 调整并确认胜任特征模型。行为事件访谈法是过程驱动法中的代表性研究方法。这种研究方法对于寻求影响管理者可以胜任的特征是非常有效的，主要采取的是访谈的方式，访谈的对象是相关岗位的在职者，访谈的内容主要是对任职者对于以往处理事件的询问，并说明情境出现的背景、影响范围、情境中的感受、想法和最后的结果等，通过以上询问，找出对于工作成果有显著作用的所有细节部分，并对获取的信息做后期的处理，包括分析、编码等，然后通过对具有不同绩效的不同对象的数据进行比较与评价，从而总结出胜任此项工作的人所具有的共同特征。

（二）产出驱动法

这种方法的命名方式，主要是因为它在研究过程中，对于相关任务、职业或小组的关键产出比较重视，而它之所以被人们所熟知，得益于麦克拉根公司。迪布瓦提出，产出是高绩效者的工作成果，通过检查这些产出来获得胜任特征。应用产出驱动法的关键步骤包括：(1) 收集所有关于工作责任、工作任务、职责、角色和工作环境的信息，这些信息是胜任特征模型研究的目标。(2) 设立专

---

① Rothwell W. J. and Lind Holm J. E., *Competency identification, modelling and assessment in the USA*, International Journal of Training & Development, 1999, pp. 90–105.

家小组。专家小组由监督目标群体和一流员工或模范在职人员组成。(3) 提出假设。明确提出关于可能影响到目标工作、团队或职业未来变化的假设。(4) 制定工作产出的清单。(5) 开发与工作产出相关的工作质量要求清单。(6) 设计工作胜任特征或与每一个胜任特征相关的指标。(7) 通过工作产出的分析发展出工作角色,使角色识别成为工作产出的派生活动。(8) 制定胜任特征模型草案。

(三) 趋势驱动法

趋势驱动法将注意力集中在影响工作、团队或职业的未来问题或趋势上,而不是把重点放在如过程驱动法的人们做什么,或产出驱动法的人们的工作成果上,趋势驱动法关注的重点在于人们必须知道什么、做什么或感觉什么,以应对新出现的外部环境变化。实施该方法首先必须得到影响组织、工作或职业的主要趋势或变化,然后分析出人们应该如何在工作中应对这些趋势,据此制定出胜任特征。罗斯韦尔、普雷斯科特和泰勒等人认为应有以下具体步骤:(1) 选取一个职业群体或工作类别,从中抽取8—12个高绩效者和2—3个杰出的组织领导,组成专家组;(2) 请专家小组成员召开会议共同讨论目标群体或工作类别的工作细节和责任,选择一个小组主持人和2个助理主持人来主持会议;(3) 把参与者聚集在一个有空白墙的大房间里1—2天,并向参会者简要介绍他们未来的工作过程和面临的工作挑战;(4) 要求参与者列出他们需要履行的工作职责和需要表现的工作行为,并把它们写在纸上,然后把纸贴到墙上;(5) 继续这个过程,直到参与者想不出其他任何职责或行为;(6) 将职责和行为分组,划分到不同的具有排他性的大类中;(7) 要求参与者回顾并确认这些要素;(8) 审查每个参与者先前列出的职责和行为，以确保它被放置在适当的类别中，并确保不会被修改和删除；（9）按顺序排列所有的职责类别，并要求参与者确认或修改顺序；（10）从墙上取下这些图表并打印出来；（11）将由参与者设计的图表发回给参与者，轮流传阅，做最终的确认；（12）根据图表准备调查，以确定与每个职责和行为有关的工作角色、产出、能力、质量要求、未来趋势和道德挑战；（13）进行调查，编制结果，并将结果提交给另一组专家验证修改。

(四) 职责驱动法

职责驱动法从工作职责中得到胜任特征、角色和质量要求，其中最具代表性的就是工作分析法。工作分析又称职位分析、岗位分析或职务分析，是研究胜任特征的逻辑分析方法，其具体目的就是对于某项具体的工作，我们可以根据相关分析，找到此项工作的任务和性质，并依此寻找真正适合这项工作的人员。

国内学者对工作分析也给出了定义，如"工作分析实质上是全面了解工作并提取有关工作全面信息的基础性管理活动"；[1] 萧政鸣在《工作分析的理论与方法》中指出，工作分析的概念，就是通过专业化的方式方法，对采集到的数据进行分析，寻找同一种岗位所具有的共同特征构成以及其中的联系，从而得到这个岗位所具有的共同因素、特征等。总的来说，工作分析就是通过一些特定的操作过程，用某种方式将某一项岗位所涉及的相关内容表现出来，方便其他人对该岗位进行初步的认识和深入的探究。[2]

根据工作分析的描述语言或要素，可以把工作分析系统区分为工作导向性和人员导向性。从工作职责的视角来看，以工作人员对

---

[1] 葛玉辉：《人力资源管理》，经济管理出版社2010年版，第104页。
[2] 付亚和：《工作分析》，复旦大学出版社2009年版，第6—7页。

具体工作内容所应负的责任、达到岗位要求的标准、与岗位要求相匹配的职责驱动法，既有工作内容导向，又对人员匹配度提出了明确要求，工作分析成为了职责驱动法的主干和支撑。工作导向性的工作分析系统将其处理的对象主要集中在目标、任务和一些实质性的部分上面；人员导向性的工作分析系统以任职者为工作分析的出发点，即通过了解任职者的潜质、能力和执行工作中表现出来的人格特点来了解工作。[1]

胜任特征的识别方法多种多样，具体采用何种方法要根据不同的客观条件合理选择，单一方法的运用始终存在一定的局限性，如过程驱动法"做了什么"存在不确定性。因此，大学校长专业胜任特征研究拟采用多维度的胜任特征识别方法，将产出驱动法、趋势驱动法、职责驱动法相结合，以期得出较为全面的大学校长专业胜任特征。

三　大学校长专业胜任特征模型

模型的字面意思是模子、样式、模式，人们依据研究的特定目的，在一定的研究假设框架下，对研究对象的结构要素、功能、属性、关系及过程等特征进行系统再现或描述。曼斯菲尔德指出，胜任特征模型是指担任某一特定的任务角色所需要具备的胜任特征的总和，它是针对特定职位表现要求组合起来的一组胜任特征；罗斯韦尔和林霍尔姆提出，针对职位表现优异者要求结合起来的胜任特征结构，是胜任特征识别的结果。成功的胜任特征模型作为一个统一的框架，在多种多样的人力资源领域都可以应用并发挥作用，可

---

[1] 时勘：《基于胜任特征模型的人力资源开发》，《心理科学进展》2006年第4期。

用作选拔、评估、职业发展、绩效管理以及其他的人力资源项目。另外，徐建平指出胜任特征模型也是驱动组织变革的有力工具。目前，主要运用的胜任特征理论模型有冰山模型和洋葱模型两种。

（一）冰山模型

麦克莱兰于1973年提出了著名的冰山模型，所谓"冰山模型"，就是将人员个体素质的不同表现划分为表面的"冰山以上部分"和深藏的"冰山以下部分"，胜任特征的冰山模型在斯潘塞看来，包括胜任特征动机、特质、自我概念特征、知识和技能。按照这个模型，"知识和技能"处于水面以上看得见最容易改变，"动机和特质"潜藏于水面以下，不易触及，也最难改变和发展，"自我概念"特征介于二者之间。其中，"知识"和"技能"是属于裸露在水面上的表层部分，这部分是对任职者基础素质的要求，内驱力、社会动机，个性品质、自我形象，价值观、态度属于潜藏于水下的深层部分的素质。详见图2—2。

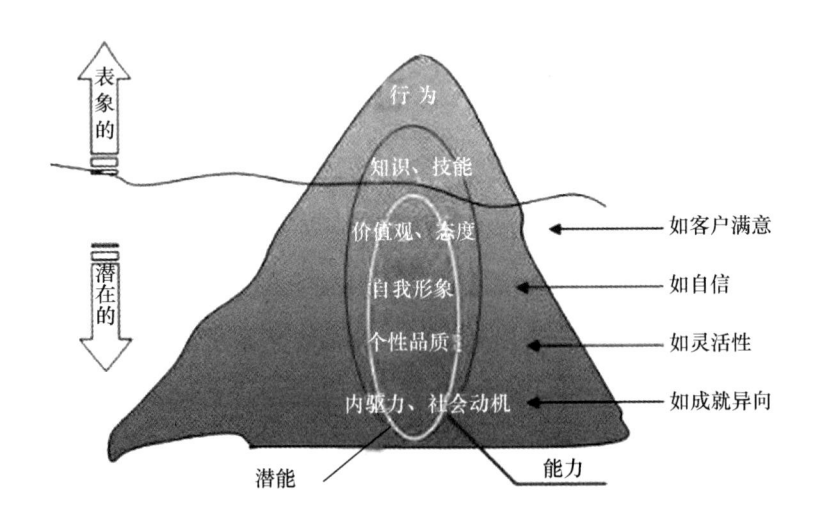

图2—2 冰山模型

根据冰山模型，个体素质分别从知识、技能、价值观、自我形象、个性品质与动机等概括为六个层级，详见表2-2。

表2—2　　　　　　　　　冰山模型素质分级

素质层级	定义	内容
知识	指一个人对某特定领域的了解	如管理知识、财务知识、文学知识等
技能	指一个人能完成某项工作或任务所具备的能力	如表达能力、组织能力、决策能力、学习能力等
价值观	指一个人对事物是非、重要性、必要性等的价值取向	如合作精神、献身精神等
自我形象	指一个人对自己的认识和看法	如自信心、乐观精神等
个性品质	指一个人持续而稳定的行为特性	如正直、诚实、责任心等
动机	指一个人内在的自然而持续的想法和偏好，驱动、引导和决定个人行动	如成就需求、人际交往需求等

冰山模型所阐述的知识、技能、价值观、自我形象、个性品质与动机等素质维度分级对大学校长专业胜任的维度形成了初步解释框架。

（二）洋葱模型

图2—3 洋葱模型是另一种典型的胜任特征模型，洋葱模型是从另一个角度对冰山模型的解释。它在描述胜任特征时由表及里，最表层的是知识和技能，里层核心内容即个体潜在的特征。这种模型是通过对麦克莱兰的研究进行更加深入和广泛的探索，是对冰山模型的进一步发展与完善，博亚茨认为，这种模型不再是单一的"明显"与"深层"两部分的划分，而是根据各种特征的显现性程度和权衡因素，对其进行了由内而外、由深到浅的划分，其结构的构成，以动机和个性为核心，向外扩散过程中依次经历自我形象、

价值观、社会角色、态度等特征，最终在表面所展现的就是最为显现的知识和技能特征，两种模型的本质上是相同的，只是在层次结构上有所区别。大体上，"洋葱"最外层的知识和技能，相当于"冰山"的水上部分；"洋葱"最里层的动机和个性，相当于"冰山"水下最深的部分；"洋葱"中间的自我形象与价值观等，则相当于"冰山"水下浅层部分。

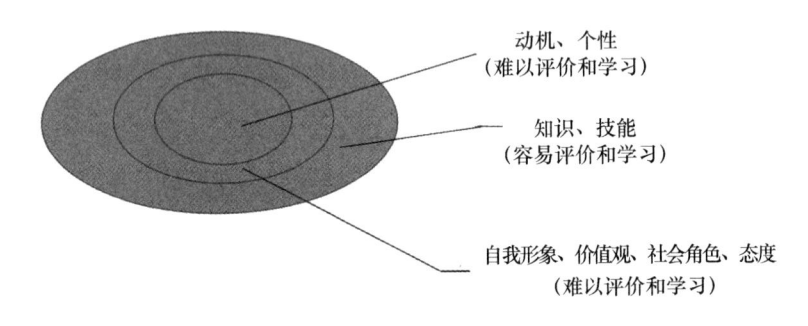

图2—3 洋葱模型

冰山模型和洋葱模型形象地阐释了动机个性为胜任特征的核心，自我形象、价值观等浅层特征及容易评价的知识、技能等表层特征等。可推导出教育专业知识与教育思想、治校能力；对办学工作的价值与信念；大学校长自身形象与角色的探讨与定位；最为核心的特征即成就校长事业的个性品质与动机抱负等。对大学校长专业胜任特征富有解释性，可印证斯潘塞提出的显著区分优秀与一般绩效的个体特征。

第三章

美国大学校长胜任特征及其启示

美国大学作为校长职业化发展的先驱，其发展历程、职业化特征、校长角色与工作行为、胜任特征等要素的独特性，具有借鉴意义和价值。

第一节 美国大学校长职业化发展历程

美国大学校长职业化的发展历程一般以大学发展的四个最重要时期作为划分依据，即殖民地学院时期、南北战争之后新的研究型大学产生时期、第二次世界大战以后的高等教育大众化发展时期及20世纪70年代末至今的高等教育大众化时期。

一 殖民地学院时期：兼职牧师型校长

美国大学校长职业化的独特性和重要性可以追溯到这些历史事实：在一个半世纪中，美国的大学教育主要依赖于大学校长和年轻的教师，美国大学最持久的教授办公室就是校长办公室。从最初殖民地时期创建九所学院到如今成为拥有数量最多世界一流大学的高等教育最强国，大学校长这一被称为"美国高等教育巨人"的群体在美国高等教育发展史上发挥了巨大的作用，如今，这一群体依然在延续着前辈们的力量和影响，继续推动着美国高等教育的发展。

殖民地学院时期主要是从1636年哈佛学院的建立到美国南北战争之前，大学校长大部分源于神职人员如牧师、教士等，他们一方面履行作为神职人员的本职，另一方面兼职学校管理。根据相关记载，在罗德岛学院以及费城学院的相关规定中，特别强调校长的选择必须来自神职人员，[1] 在南北战争之前，甚至出现过十二个学院校长中有十一个是牧师的现象，[2] 堪称大学校长的牧师时代。

在这一时期，大学校长还未成为专门的管理者，虽然学院校长也进行日常的管理工作，不过他们只将神职作为本职工作，更多的精力是花在牧师和教学工作上，管理工作只作为兼职存在。例如，时任哈佛校长的马瑟就将主要精力投入在牧师工作上，而非对于学校的管理上面，事实上，他真正花费在学校上面的时间远远少于他花费在教会的时间。[3] 就这一时期大学校长的职责而言，根据学院宪章的规定，包括了教学、筹集资金、招收学生、招募教员、处理和社区的关系等。[4] 他们还具有对学生和社会进行道德教化的职责，这是牧师校长的重要使命。校长除作为牧师外，作为董事会成员，他还参与主要的决策；作为所在地区的重要公民，他维护学院的发展；作为教师中的一员，他领导其他教师。总之，殖民地时期的学

---

[1] 贺国庆等：《外国高等教育史》，人民教育出版社2006年版，第4—8页。
[2] Rudolph F., *The American College and University: A History*, University of Georgia Press, 1990, pp. 156-157.
[3] 舸昕：《从哈佛到斯坦福》，东方出版社1999年版，第10页。
[4] 姜朝晖：《美国大学校长职业变迁：一种历史的视角》，《高校教育管理》2010年第4期。

院规模小，主要履行人文教育单一职能，校长发挥着综合性作用，校长作为董事会的代理人，不同于以往欧洲大学校长，他们一般没有任期限制，扮演多种角色，从而获得日常管理的广泛权力；校长从属于董事会，但他最为熟悉学校事务，所以又是董事会领导；不同于欧洲大学，校长不由教师选举产生，不对教师产生任何义务。法理意义的董事会代表学院，但作为学院唯一的行政人员，社会民众认同校长才代表学院，校长自己也认同这一点。即使在独立之后，美国的高等教育有一定发展，但这种状况依然维持不变。学院总体规模并没有太大变化，哈佛学院、耶鲁学院在19世纪的绝大多数时间里，都没有超过100人，学院规模小，职能依然不变，事务还是简单，作为董事会的代理人，他们像英国大学内的学院院长，任期很长。美国大学这个时期任期最高纪录是1866年的诺特，主持学校管理工作的时间长达62年，在校长任上去世。[①]他还同时兼任多重角色，承担广泛职责。他们的角色既不是学者，也不是行政专家，而是万事通和管家。

二 创办研究型大学时期：学者领袖型校长

南北战争之后，美国社会的工业化、城市化、世俗化和专业化对高等教育的重建和发展产生了深刻影响，新型大学的创生是美国高等教育的分水岭，以教会为主导的董事会治理面临巨大挑战，大学校长地位越来越重要。19世纪中叶后，尤其是1862年《莫雷尔赠地法案》颁布之后，美国的高等教育实现了跨越式发展，一大批学院和大学随之兴起，美国高等教育实现了从旧时学院到现代大学

---

① 欧阳光华：《董事、校长与教授：美国大学治理结构研究》，高等教育出版社2011年版，第80页。

的转变。随着研究生教育的发展和科学研究在大学的兴起，研究型大学成为大学演变的新范式，许多著名大学诞生于这一时期，如1885年创办的斯坦福大学、1867年创办的霍普金斯大学、1891年诞生的芝加哥大学、1865年创立的康奈尔大学等。[①] 这一时期可以称得上是美国高等教育发展史上的黄金时期，大学校长的地位和作用日益彰显，逐渐在大学治理结构中占据主导地位，被称为"大学校长的巨人时代"。

总体来看，这一时期的大学校长打破了传统的牧师兼职型的模式，他们大多由具有学术声望且具有社会影响力的学者，或是在某一学科领域有所建树者担任。比如，哈佛大学的艾略特和科南特是化学家、洛厄尔是法学教授和律师、耶鲁大学的波特是哲学教授、康奈尔大学的怀特是历史学教授、芝加哥大学的哈珀是语言学教授、普林斯顿大学的威尔逊也是著名的法学教授等。

作为具有突出学术背景的学者型校长，他们大多具有成熟的教育理念、明确的办学目标和付诸行动的决心，这使许多校长成为教育改革家，他们通过实施新的教学计划把小型学院转变为大规模的大学，建立起类似于欧洲尤其是德国的研究型大学。他们还具有出众的演说能力以及政治才能，说服校内外人士支持他们的大学理念。正如布鲁贝克所指出的，南北战争之后，美国学院重建主要采取两种方式：一种如霍普金斯大学，使研究院作为一种组织的形式正式存在于大学之中，并赋予其至高无上的地位，从而确立了现代大学的新理念，为此通过大学的垂直延伸来延长高等教育的时段，研究院的兴起，为霍普金斯大学赢得了崇高荣誉，被称为美国"第

---

① 赵曙明：《美国的大学校长》，《高等教育研究》1989年第1期。

一所真正意义上的大学"；另一种则是增加所学课程的广度来实现学院的水平扩展，即选课制度的引入，艾略特在哈佛推行的选课制度，对美国高等教育产生了广泛而深远的影响，从而将美国的传统学院带入现代研究型大学的行列。南北战争时期的大学校长背景呈现出世俗化特征，当时被誉为"高等教育的五大巨人校长"，无论是怀特、安吉尔还是艾略特、吉尔曼或者哈珀均非神职人员，许多大学不再从各个教派牧师中选任校长，而改由教师和学术渠道产生。

南北战争后，随着大学规模的不断扩大、职能的拓展以及学科的分化，以往校长一人身兼数职的现状难以为继，不再兼牧师、教师和管理者多角色于一身，而是全身心投入大学行政事务中去，日益呈现全职化趋势。大学校长在大学发展中的地位日益突出，其办学思想直接决定大学的发展方向，其管理水平也直接决定了大学的办学质量。

三　高等教育大众化时期：管理专家型校长

第二次世界大战给美国的经济、政治和军事带来了得天独厚的发展机遇，以电子和生物技术为代表的科学技术革命飞跃发展，促使美国高等教育在数量、规模、结构和职能等方面日臻完善，科尔校长将此时期称为"大变革时代"。《军人权利法案》和《国防教育法》的颁布实施，使大学入学人数剧增，自1945年到1956年，涌入学校的退伍军人达223万人，1947年最为高峰的一年注册人数达115万人，占当年美国大学在校生总数的49%。正是在《军人权利法案》的推动下，大批由于战争丧失了教育机会的退役军人重新有机会接受高等教育，从而极大地促进了高等教育的变革，高等教育从过去为少数人提供就学机会的特权，扩大为普通民众接受教育的平民权利，教育内容从人文教育和精英教育转变为大众的职业生活所需要的复杂性、多样性的专业性教育，美国高等教育就此进入大众化时期。这一时期高等教育的黄金发展带来了大学规模的日益扩大、结构的日益复杂、功能的日益拓展，由此带来各种非学术性行政人员的快速增长，1950年，明尼苏达大学非学术行政人员达到4000多人，其中包括职员、统计人员、营养学家、卡车司机等，1883年，美国大学非教学人员所占比例仅为17%，而1976年已高达66%。非教学人员的增长，使校长从大量具体、烦琐的事务中解放出来，从而集中精力思考大学发展的重大问题，也使"专家治校论"的影响不断凸显。大学校长作为学校的领导者，不得不与多重利益主体发生更为密切的关系，并在多种利益冲突中找到平衡点。一方面，高等教育规模的扩张以及院校类型的多样化，使这一时期的大学校长的角色和职责更为复杂；另一方面，随着高等教育的转型和大学的扩张，各种矛盾也逐渐暴露出来，大学内外部环境的剧烈变化导致了校长角色的冲突与转变，进而促成了新一代校长的产生，大学校长由"学者型"向"管理专家型"转变。"专家统治论"中的专家过去指大学教授，而现在更多是指学校的管理专家，其中包括财政专家、预算预测人员、募捐专家、律师以及人事管理专家、与教师工作打交道的谈判专家及信息管理专家等。新的管理专家促使大学内部有关财政和人事的决策权从学系、学院再到大学逐级上移，校长的角色面临新的冲突和责任，成为科尔所描述的演说家、谈判人、政治家、外交家、教育的捍卫者、干练的管理者等。伯恩鲍姆把大学校长的职责描述为既是复杂管理体制中的行政首长，同时又是一个专业社团的同僚召集人；既像是大学校园文化中共有的价值与符号的象征性长老，在某些公立大学又是对董事会负责、对其他政府机构的要求予以回应的公务员。这一时期最重要的特点是，校长开始由兼职管理者转为专职管理者。据美国高等教育专家考利考证，这个时期从事教学的校长寥寥无几，大部分校长的工作重心都已经转移到行政事务上。根据佛罗瑞1970年的研究，73%的大学校长有过平均10年的专职行政管理经验，而在较大的公立或私立大学，这一比例达到了90%。

四 高等教育普及化时期：职业经理型校长

20世纪70年代以后，美国基本实现了高等教育普及化，发生于70年代末的经济危机和新公共管理运动加快了高等教育市场化的进程。为了筹集办学资金，大学不得不开始走出"象牙塔"，以大学服务社会获得发展空间及吸引资源投入，逐渐成为"社会服务站"，在此背景下，大学校长已经不同于以往的学者型和管理型校长，而是逐渐向职业化的经理人这种角色转变。一方面，大学校长的遴选不再拘泥他们的学术地位或学术成就，更看重他们管理大型组织的能力。克劳福德在《高等教育管理中成功领导的技能》一书中指出，管理者最需要十项技能：在实现院校目标过程中的道德、诚实和正直；对下属要诚实、开放、可以信赖；口头或书面表达要清晰；了解学校的各种资源；能对新思想开放，能根据新形势调整；遇到压力时能保持稳定；会议中面对意外能沉着思考；公平，了解人事工作程序；执行学校决策时圆润、坚定、自信，把对学校的干扰降到最低限度；对待挫折时能够不带敌意和防卫心理。另一方面，依据大学发展重大问题和目标作为核心遴选条件。哈佛大学校长博克任职20年，注重内涵发展，回归大学之道；陆登庭凭借他英美文学修养与彬彬有礼的社交风范，为哈佛筹集了惊人的发展资金，直至累倒在任上；经济学家萨莫斯校长上任后则是为如何使用资金，建设发展新校区，为哈佛大学成为世界的大学而努力；萨莫斯的失败使哈佛考虑"政治正确"，迎来了女校长福斯特，为哈佛去"负面影响"和校内平稳和谐做出了贡献。阿特韦尔和格林在《作为管理者的学术领导者》一书中就深入探讨了学术领导面临的广泛管理问题，包括集体谈判、财务管理、学校与联邦和州政府的关系，因此，职业化时期根据大学不同发展时期和战略目标需要，校长角色呈现多重和职责多样的态势。贝尼斯在《倾斜的象牙塔》中提供了11种起作用的校长岗位模式：解决问题的管理者；低调的技术专家；领导者或协调者；同事协商型管理者；公社或部落型或后现代型领导者；魅力领导者；"法律与命令"型校长；同时在几个组织兼职的缺席者；官僚或企业家；在两个正式任命之间的过渡性校长；多才多艺，可以扮演以上任何角色的"文艺复兴"伟人或无所不能者。美国大学校长协会的一份研究报告也同样显示了这一点，指出20世纪80年代以后美国大学校长的角色构成具有多重特点，主要包括八个方面，详见表3—1。

表3—1　　　　　　　　20世纪80年代美国大学校长角色

高等教育未来的计划者	社会公共政策的参与者
学校任务和目标的把持者	董事会的教师
学校质量的控制者	教授们的领袖
学校公共关系的建筑师	学生的辅导者

可以看出，大学校长在这一时期的角色多元且复杂，其中非常重要的职责之一是筹集资金，美国教育理事会在2001年通过调查"最花时间的四项工作"时发现，50%以上的美国校长认为占用自己时间最多的工作是筹资、规划和预算。[①] 普及化时期的大学校长作为职业经理型首席执行官，只有善于经营大学，才能使大学得到更好的发展。

第二节 美国大学校长职业化现状

美国大学经过数百年的积淀与发展，形成了一套完备的高等教育运作体系和选人用人机制，并形成了相对成熟的校长职业化市场机制，对于大学校长的角色、职责与遴选有着明确的规定和标准，梳理这些规定和标准，能够有助于我们分析美国大学校长的胜任特征，从而对中国大学校长的胜任特征、校长的遴选与保障制度等方面提供借鉴。

一 美国大学校长职业化特征

美国高等教育进入普及化阶段以来，在外部生存压力和内部管理与效率提升的共同促进下，大学校长职业化程度日益提升，形成了相对成熟的校长职业化市场，其特征具体表现在：

（一）从业标准明晰

美国大学对于校长的选任，每一所学校都有一套完善的遴选标准和机制，虽然由于校际间的差别标准不尽相同，但共同体现了美

---

① 文东茅：《谁在当美国大学校长——2002年全美大学校长调查报告》，《中国高教研究》2004年第4期。

国大学校长市场具有明晰的选拔标准。① 经过对不同学校遴选标准的对比可以发现,它们在整体上都是大同小异,只是在针对学校实际情况上有些许差别。每所学校都是按照设定好的标准进行候选人的搜寻、筛选和评定,毫无疑问,这就构成了美国大学校长的整体"从业标准"。

(二) 培训体系完备

美国各专业机构就储备校长、新校长和在任校长等都有针对性培训。这些培训机构主要分为三类:一是相关协会,主要是美国独立学院协会、美国大学和学院协会、美国大学董事会协会等;二是专业研究中心,主要是位于圣地亚哥的创新性领导中心;三是相关大学,主要是哈佛大学教育研究生院、纽约州立大学雪城培训中心、梅隆大学亨斯公共政策和管理学院。② 美国高等教育发展有着悠久的历史,大学校长的培训制度也相对成熟,从培训形式看,主要有新校长培训班类别的职前培养、专门为在任校长设计的培训项目、会议、研讨会。美国大学校长培训的内容丰富、形式多样、针对性强。

(三) 评估机制完善

美国大学总校校长的评价由董事会行使职权,分校校长的评价由总校校长行使职权,并设有专门的大学校长评估委员会,负责大学评价校长的任职表现,通过一系列指标的考察,如每年战略目标的执行情况、预算的落实情况,包括学校重大比赛成就、学校排名、招生和筹资情况等方面,用于为董事会提供关于校长薪资福利

---

① 郝森林:《美国大学校长的职业化取向及启示》,《教育发展研究》2009 年第 7 期。
② 刘亚敏:《教育家校长引领大学崛起——以哈佛大学五任校长为分析样本》,《高等教育研究》2011 年第 11 期。

补偿计划的投票决议以及建议。

（四）薪酬待遇优厚

根据《美国高等教育纪事》最新发表的一份分析资料显示，至少有17位公立大学校长每年获得的薪酬是美国总统特朗普的两倍，其中排名第一的是亚利桑那州立大学的克罗伊校长，他的全年总工资为1554058美元，基本工资为838458美元。高额的薪资补偿需要校长时间和精力的大量投入，也促使大学校长更倾向于专心投入本职工作中去，而无须通过兼顾学术和多头兼职以获取经济回报，导致兼顾学术或多头兼职使校长的工作力不从心，造成每年履职评估不利和董事会的否定，从而造成巨大损失，专职做好校长工作无疑是"经济人"的理性选择，也是大学校长遵循职业伦理所在。

二 美国大学校长的角色与职责

进入21世纪以来，美国大学校长的职业角色越发鲜明，职业化体系也越发完善。一般而言，胜任特征的很大一部分源于职责要求，即工作职责驱动的胜任特征，研究美国大学对校长的角色与职责有助于我们研究美国大学校长的胜任特征。

（一）从角色出发的校长职责

一方面，从大学理念出发，科尔将美国大学校长界定为四种角色，分别是发起者、斗士、形象创造者和调解者；另一方面，从实证研究出发，科恩和马奇基于实证调查，得出大学校长主要有三种角色，分别是企业家、行政管理者和政治家。综观这两种观点，虽然在表述上存在一定的区别，但实质是存在许多交叉与重叠。对这几种角色及其相应的职责的梳理详见表3-2。

表 3-2　　　　　　　　　　美国大学校长职责

职责
经费筹措
战略规划
组建团队
事务管理
公共关系

(二) 从章程"法规"出发的校长职责

当然，以上只是从角色的角度对美国大学校长职责作出的大致阐述，在具体职责上，美国大学各校的章程对大学校长的职责作出了详细规定。研究选取了 10 所美国卓越大学的章程及相关条例为研究样本，对其进行文本分析，整理归纳出了美国大学校长的职责要求，详见表 3-3。

表 3-3　　　　　　　章程规定的美国大学校长职责

资金运作与管理	预算管理
	资金筹集
	改善资本
	投资创业
战略规划	战术制定
	危机管理
	风险管理
校园建设	校园活动
	师资建设
学生事务	招生管理
	学生学习管理
	学生行为管理

续表

关系维持与发展	董事会关系
	社区关系
	媒体关系

综上所述，结合两种思路，可以将美国大学校长的角色与职责进行综合，详见表3-4。

表3-4　　　　　　　　　美国大学校长角色与职责

角色	职责	
"CEO"	资金运作与管理	预算管理
		资金筹集
		改善资本
		投资创业
	战略规划	战术制定
		危机管理
		风险管理
行政管理者	校园建设	校园活动
		师资建设
	学生事务	招生管理
		学生学习管理
		学生行为管理
调解者	关系维持与发展	董事会关系
		社区关系
		媒体关系

第三节　美国大学校长胜任特征分析

大学的跨越式发展往往与大学某些重要人物的名字联系在一起，这绝非偶然现象。在高等教育领域，有许多事例都证明了那些有非凡特质与能力的大学校长对学校和高等教育方面都有重大的影响，美国高等教育能够取得如此卓著的成绩，很大程度上归因于一批卓越的大学校长，如哈佛大学的艾略特、洛厄尔、科南特，密歇根大学的安吉尔，霍普金斯大学的吉尔曼，芝加哥大学的赫钦斯、哈珀，加州大学的科尔等。通过对这些卓越校长的考察分析，可以发现他们共同具有以下三个方面的特征。

一 大学治理的全身心投入

尽管从19世纪至20世纪美国大学先后经历了兼职牧师型校长、学者领袖型校长、管理专家型校长等发展阶段，但现在均要求大学校长作为职业经理型，必须全身心投入学校管理工作，不再讲学授课或进行科学研究，也不再承担其他的社会兼职。这一点在"巨人校长"身上体现得最为明显。

出任哈佛校长之前，艾略特是麻省理工学院的一名教授，同时也是分析化学领域冉冉升起的一颗新星；洛厄尔是著述颇丰的政治学教授，还身居美国政治科学学会主席之职；科南特是哈佛有机化学教授；博克是知名法学家、哈佛法学院院长。当他们担任哈佛校长之后，就远离了自己的其他工作和学术研究，以推动哈佛的革新与发展为主要目标，全身心投入学校治理工作，他们是美国当代最具影响力的大学校长，不仅在治校方面成绩斐然，而且在高等教育理论探究方面也颇有建树，博克撰写了《走出象牙塔：现代大学的社会责任》等六本高等教育著作，具有广泛影响。英国女王大学和剑桥大学副校长阿什比曾经是植物学专家，但当他担任大学校长之后，就远离了植物学专业，根据多年的治校经验，潜心研究高等教育，出版了《科技发达时代的大学教育》等著作。美国加州大学校长科尔,至今被学界铭记的不是他关于"工业关系"问题的研究,而是他围绕高等教育问题发表的《大学的功用》《校长创造不同:加强学院和大学的领导》及《大学校长的多重生活》等传世著作。密歇根大学校长杜德斯达放弃了他的科学与工程学,引领密歇根大学迈向了美国一流大学,成为美国公立大学的领头羊,他的著作《美国公立大学的未来》深入分析了美国公立大学的经费投入体制、大学与外部的关系、内部治理、学术发展及未来发展趋势等问题,是近年来美国高等教育界一部理论性和实践性都很强的佳作。对大学治理的全身心投入成就了他们对美国高等教育的贡献,也提升了他们个人的高等教育专业价值。

二 教育理念的实践性

卓越的大学校长大多有着独到的教育思想和办学实践经验,而他们的卓越治校成就与他们的思想与理念息息相关。艾略特校长提出"大学具有教学、以书籍汇集知识、研究三大功能",他建立的选修课制度,被认为是美国大学向现代大学转变的最重要的标志;科南特提出"如果学校的终身教授是世界上最著名的,那么这所大学必定是最优秀的大学",他推出了"非升即走"政策,提倡通识教育,在世界高等教育界产生重要影响,具有借鉴意义。博克提出"本科课程必须有一个最低的标准,必须达到学校的教育目标",他的"核心课程"计划被学术界称为"静悄悄的革命"。[①]

大学校长的理念走向实践,表征为大学发展定位及战略走向,是董事会遴选校长的依据之一。正如哈佛大学校长洛厄尔在《大学

[①] 栾兆云:《美国大学校长职业化发展及其启示——以哈佛大学为例》,《高教探索》2008年第1期。

校长心得》中所强调的,大学校长需要有一个"图式",即理念治校,是大学的总体规划或愿景。圣母大学校长赫斯伯格说,如果没有一个清晰、明朗、迷人的愿景,他就无法领导,没有愿景,亦即等于没有理念,没有愿景和理念,群体就会消失。科南特在一项研究中对243位校长和董事会主席所做的调查表明,提出理念、发展战略之"远见"是校长的首要任务。

同时,他们还通过著书立说来阐明和传播他们的教育思想和办学实践经验,如赫钦斯著有《美国高等教育》、科尔著有《大学的功用》、艾略特著有《大学管理》、洛厄尔著有《与美国学术传统的战争》、博克著有《走出象牙塔:现代大学的社会责任》等,这些著作至今仍是研究美国高等教育的经典文献。

三 人格魅力的感召性

陶森州立大学前校长费希尔曾强调"大学校长在道德、诚实、得体、尊重他人、个人善良、真诚关怀方面的重要性",并认为"如果这些人性美德不能体现在大学校长的行为中,那么再多的治校方略或风格也是徒劳"[①]。这足以说明,不仅是在理论上,而且在大学校长自身观念上,校长的个人特质与道德品行都有着极其重要的作用,并且优秀的个人特质与道德品行也是卓越校长的共通之处。

大多数美国卓越大学的校长都具有献身教育事业的精神,具有强烈的历史使命感和责任感。比如,霍普金斯大学创校校长吉尔曼上任前曾提出:"要在美国建立最好的研究型大学";芝加哥大学前

---

① [美]克拉克·科尔、玛丽安·盖德:《大学校长的多重生活:时间、地点与性格》,赵炬明译,广西师范大学出版社2008年版,第166页。

校长郝钦斯曾说过:"我关心的是让美国教育获得持续有效的改进,而不是让芝加哥大学吵闹不休";威斯康星大学校长范海斯提出要"帮助把知识传授给广大民众,为全州服务",他们都勇于改革与创新。哈佛大学前校长昆西以"真理"作为大学的最高目标,振兴了理科教育;继任者艾略特首创"自由选修制";洛厄尔又改为"集中分配制";科南特又实行了"普通课程制";1987年哈佛又试行了"公共基础课方案",正因为如此,哈佛的生命力才如此旺盛。[1]

他们还有着极高的道德素养和道德境界。哈佛大学校长艾略特曾在霍普金斯大学校长吉尔曼上任之初就写信给他,建议他在工作上不要过于劳累,然而事实却是,不仅他们两人没做到这点,[2] 而几乎所有著名大学的校长都没有做到这点。当科南特向洛厄尔进行薪水待遇方面的问询的时候,洛厄尔甚至没有办法解答,因为在他作为校长的时候,没有拿到过一点作为校长的薪水。[3]

从研究美国卓越大学校长的共性特征可以看出,真正杰出的大学校长一定是一位具有明确的办学理念、优秀的个人特质和道德品行,并且能够全身心投入学校治理的模范校长。同时,联系本书对胜任特征的定义——"能产生高绩效的特征集合",我们可以将此处的美国卓越大学校长特征等同于美国大学校长的胜任特征,这为我们接下来研究中国职业化大学校长胜任特征有着重要的启示与借鉴作用。

---

[1] 殷爱荪、周川:《校长与教育家》,福建教育出版社2004年版,第225页。
[2] Frederick Rudolph, *The American University and College: A History*, New York: Knopf, 1962, p. 423.
[3] 参见[美]莫顿·凯勒、菲利斯·凯勒、史静寰《哈佛走向现代》,清华大学出版社2007年版。

第四节　美国大学校长胜任特征的启示

研究美国卓越大学校长的共性特征可以得到以下启示。

一　大学校长唯有清晰的办学理念，才可谓专家治校

通过对美国职业化大学校长胜任特征的梳理可以发现，首先，强调办学治校的全身心，这足以得出，对大学校长要求全身心投入办学治校已经成为成功治理大学的首要特征，印第安纳大学韦尔斯校长在任25年，他指出要拼命工作，因为这个职务值得你这样做，需要你这样做，懒惰的校长比不称职和专制的校长对大学的损害更大。其次，美国大学校长具有办学理念，熟悉高等教育规律和人才的培养规律，即都在"教育专业性"上体现了对大学校长提出的要求。最后，美国大学校长要求具有优秀的人格特质和高尚的道德情操，可以看出在大学校长的个人特质上逐渐重视起来，摆脱了过去"重事不重人"的选人误区，开始在"魅力领导"和"道德领导"上下功夫。艾略特校长把耐心看作对管理者的首要要求，圣母大学校长赫斯伯格则认为，所有的校长都是正义的代言人；他还说这需要勇气，没有勇气，最好不要去当校长。他从选择副校长的角度，谈到谦卑不仅是美德，而且是真理。杜克大学校长桑福德把个人特质分为两类：一是必须拥有的，二是希望拥有的，比如，乐观、热情、活力、献身杜克、勇气、追求卓越、信任他人、坚定与灵活、坦率和开放、容忍、耐心、自信平和、幽默感等。总而言之，这些都指向大学校长应具有教育思想与优秀素质，强调懂教育爱教育的教育家治校。

美国的大学校长胜任特征还特别体现在治校理念的实践即治校能力方面。美国大学校长治校能力表现在推进大学发展及协调各种利益关系方面，同时更加强调资金运作与管理绩效，要求校长具有突出的筹资和资金运作能力，相应地要求大学校长具有财务管理知识和投资创业知识。中国大学由于经费和投资体制不同，经费来源有国家的各项经费"托底"，经费压力没有美国大学大，充裕的经费是保证大学发展的刚性指标，资金使用、资源配置效率效益是大学经济学的基本问题，美国大学校长经营能力的考量仍有可借鉴之处。

二 应赋予充分的大学领导权，保障校长教育思想的实现

如前所述，大学校长应具有教育家思想和相应的教育家治校能力。然而，校长的教育思想如何实现、治校能力如何实践，这些都需要相应的客观环境。在美国高等教育高速发展的普及化时期，之所以有如此之多的"巨人校长"，铸就了众多世界一流大学，有诸多教育理论传承至今，虽有其独特的社会背景因素，但也与校长的重要地位有关。因此，保障大学能依照自己的办学理念、充分行使办学自主权就显得极为重要。美国高等教育的卓越当然离不开大学自治的环境。纳森指出，为了学校自身利益，学校作为一个整体，要意识到并保证，"校长是或许应该是关系到学校福祉的最重要的人"。[①] 洛厄尔指出，控制主动权在工商业明显不是问题，但在大学却是问题，校长要实施自己的计划，尽管他不是司令，但他必须是领导，为了避免被别人引入歧途，校长必须努力控制大学主动权，

[①] ［美］克拉克·科尔、玛丽安·盖德：《大学校长的多重生活：时间、地点与性格》，赵炬明译，广西师范大学出版社2008年版，第135页。

拥有对学校事务的决定权。普林斯顿校长多兹认为首要职责是领导教育，不应把主要精力放在次要活动上，他必须坚守教育领导权，并切实加强这个权力，而不是把问题交给学院院长们，把主要精力放在支持性工作上。

如今，我们不断提倡和推行高校去"行政化"，淡化高校行政级别，但与此同时，我们也要辩证、理性地看待和处理行政权强势问题，在内部治理结构的制度安排上，行政权力始终是由校长独立负责，即使是凯勒提出的"大联合决策委员会"、切斯特提出的"战略计划委员会"决策模式在实践中也归于失败，其原因可以说是需要行政权威集中决策、组织推动和提高效率。在外部治理方面，提升办学自主权最为重要的一环就是明确大学校长的角色定位，给予校长一定的办学空间和办学环境，从而进一步推进大学校长职业化的发展。办学自主权的提高，一方面能够充分调动校长办学的主动性和积极性，并充分发挥自身教育管理的才能；另一方面通过获取充分的办学自主权，确保职业化的大学校长具有专业自主地位。

只有大学办学自主权得到落实，才能够在相应自由自主的环境下推行治校理念、进行治校实践，才能够使大学校长的教育思想转化为教育实践，从而产生不可估量的治校成效。反之，若是长期处于一种"高危高压"的自主权缺失的环境中，即使是一个"满腹经纶"具有十分丰富思想的校长，也难以保障思想落到实处，也就更难产生治校成效。

第四章

大学校长专业角色定位

胜任特征是针对具体角色而言的,要对大学校长的胜任特征进行识别并探究胜任特征指标体系,首先要对大学校长的角色进行研究,尤其是研究如何进行明确的定位;其次,理想的角色定位来源于对现实问题的探索与反思,从问题着手才能得到更科学、更合理的解决方案。因此,需要从历史的维度梳理校长角色变化,在此基础上,从角色理论的视角探讨大学校长角色冲突及校长行为中的角色偏差,提出大学校长理想角色定位即专业角色的教育家校长。

第一节 大学校长角色演变、分类及影响因素

大学校长的角色是发展变化的,因时因地而异,本章首先从历史维度对其线索和轮廓予以梳理,为大学校长角色问题的探索提供研究基础。

一 角色和大学校长角色

"角色"源于戏剧,原指演员行为的脚本,指的是演员所扮演

的剧中人物，首先把角色这一概念引进社会心理学范畴的是米德，他先运用"角色"来指代个体的身份和行为，后来角色概念在心理学、社会学中广泛应用。"角色"是一个抽象的概念，它在本质上是一种社会关系的反映，是人作为角色的扮演者而存在。米德用比喻来说明不同的人在相似的情境中表现出的相似行为现象。角色理论涵盖角色采择、角色扮演和角色冲突。角色采择是指对自己和他人角色的设想；角色扮演是指个人按照他人的期望而实施的实际行为，角色冲突是指当一个人同时扮演多个角色时，各角色间不能和谐一致的现象。角色理论作为社会心理学理论，阐释社会关系对人行为的影响作用。社会心理学认为人是社会的产物又能对社会做出贡献，角色理论试图按照人们所处的地位、身份来解释行为。角色并非一成不变，它随着要求的不同而逐渐变化。

大学校长包括多所分校的大学中的总校校长和分校校长，无论是分校的校长通常称为 president，还是总校的校长通常称为 chancellor，或者把两者颠倒过来，甚至在法国、德国还有少数大学校长称为 rector 等。大学校长称谓有略微差别，不同头衔意味着不同的责任与期许，但他们都有基本的含义：他们对外代表学校及其价值，对内作为主要领导者，引领大学的运作，因而毫无疑问是一所大学最具有影响力的人物，也是一所大学的灵魂和核心。中国的《高等教育法》第四十一条赋予了大学校长的职位权力和职责，理应是一所大学的灵魂和精神象征性人物。

随着大学职能的拓展、大学轴心机构地位的诞生，大学校长职责越来越重要，岗位要求越来越复杂，遴选实践越来越看重学术背景及学术成就，因此校长的角色也有一个不断发展和变化的过程，呈现出多元化的特点。依据角色理论，校长角色就是校长角色扮演，

《辞海》对"角色扮演"界定为,"角色扮演指个人根据自己所处的社会地位,把权利和义务恰当地结合起来而产生应有的效果"。首先,校长角色代表校长岗位的社会地位,而社会地位是校长权力和责任的统一体现。其次,因为遴选多为学者型校长,放不下学术兴趣和学术事务,校长角色面临抉择。再次,每种社会角色都有一套规范性的角色行为,在社会实践活动中,尤其在人际关系的建立中,常常是以彼此的角色为基础,只要具有了某种角色,就会被要求以相应的角色行为。校长角色蕴含着大学举办者、师生及社会等多方面对校长的期望,即角色期望,如果现实与期望不符,角色冲突就不可避免。最后,大学校长角色很难脱离一个国家的政治、经济和文化传统乃至所在大学的个性和文化传统。大学校长的角色是发展变化的,高等教育发展阶段因国家教育管理体制而异,受国家的政治、经济和文化传统乃至所在大学的个性和文化传统的影响。

二 中国大学校长角色的历史演变

基于校长管理体制不同,中国大学校长角色的历史演变,具有以下特点:

(一) 古代"官员"校长

纵观中国大学发展历史,不难看出,在古代学校教育中已经有了校长职业的萌芽。这个时期的校长不是一种独立的职业,有的由学校教师兼任,有的由教育行政主管部门的管理者兼任,但总体来看,校长走不出教育行政官员的圈子,表现出来的是官员角色。以隋唐时期为分界点,由于没有专门的教育行政机构,学校由中央和地方政府分别负责组织管理,究其原因是由于客观上不需要专门的机构来管理学校事务。清代之前,学校以培养官员和政治接班人为已任，目标单一，学校数量少、结构简单、规模小，即使中央和地方都出现了教育行政机关，专职校长仍没有出现。古代"学校"校长角色演变详见表4-1。

表4-1　　　　　　　　古代"学校"校长角色演变

朝代	校长角色
夏、商、周	"官学"是唯一的学校类型，这一时期的管理体制是"学在官府"、官师不分，为师者必为官。春秋战国时期，私学兴盛，学派宗师兼任教师和学校管理者
秦	秦始皇焚书坑儒、禁私学，实行由官府直接管理的"吏师制度"，文吏兼做教师，教育17岁以下的少年（"史子"）
汉	汉代实行中央、地方两级官学，创设了不同类型的学校。汉代中央官学教师称"五经博士"，掌太学之政
魏晋南北朝	中央官学于太学外又设国子学，贵族入国子学，其他人入太学，国子祭酒监理太学之职
隋唐	祭酒是最高的教育行政长官，也是管理学校的职官
宋	中央官学承接前代，地方官学设置诸如提学司作为专门的教育行政机构。私学在宋代很发达，书院作为教育形式建在山中，负责人被称为"山长"，主要责任是讲学与从事学术研究，同时负责教师聘请、经费、教学等事宜，私学的宗旨既为学术也为治国，山长就须为科举应试设计儒学内容和聘请儒家，山长也成为"学术领导"
明清	明清各府州县儒学均设学官，分别称为教授、学正、教谕，他们是不脱离教学的教育行政人员，依制履行兼职"学官"

（二）清末民初"职官"校长

这一时期是校长角色的萌生时期，鸦片战争使古老东方帝国不可战胜的神话破灭，清朝内部出现了洋务派，形成了放眼看世界的思潮，兴教育，办西学。清末民初时期，校长的主要工作从《壬寅学制》和《癸卯学制》的条款中可以略知，有教职管理、教学管理、学生管理及后勤管理。校长好似一家之主，凡事无所不及且事无巨细、亲力亲为。这一时期校长出现了多种不同的角色与称谓。清末民初，大学校长称为"职官"，前期教育行政部门未获得独立，学校校长大多数属于政府官员，例如，北京大学校长孙家鼐、张百熙、劳乃宣，他们都是政府官员，孙家鼐时任吏部尚书官居协办大学士，同是吏部尚书的张百熙时任都察院位列左都御史，劳乃宣时任学部副大臣及代理大臣。清末民初校长的另一重要角色是"总理""总教习"或"监督"。北洋大学筹备时，盛宣怀制定了一系列严格的治校章程，其中《头等学堂章程》就有明确规定："所有的学堂不仅都要对学生功课进行考核，对华洋教习的勤惰也要进行相应考核，学生去留，一切工作均由总教习管理。"至民国时期政府颁发《中学规程》，始称"校长"，角色规定其领导、管理、监督、联络等职责，沿用至今。

（三）民国时期研究型大学"学者""教育家"校长

民国时期的大学是被学界公认为具有现代意义的大学，也是现代大学校长角色成型时期。清末大学如北京大学，教员多是资深官僚，学生则多是年轻和资历浅的官吏，讲授内容包括忠君、忠儒等传统封建思想和文化。辛亥革命的爆发使封建帝制土崩瓦解，民国建立伊始，高等教育革新，北大开"学术"与"自由"之风，蔡元培时任教育总长，主持颁布了《大学令》，规定："民国学校的办学宗旨是学术研究和高级专门人才的培养，大学设立校长一人，管理大学的全部事务，并规定大学校长的任职条件之一便是具有专业的教师资格。"1929年颁布了《大学组织法》，规定大学设立"研究院"以供学生和教员从事高深学术研究活动。研究院院长由校长兼任，要求校长要具有较好的学术背景和较高的学术水平。可以说，在民国时期，校长的管理制度已经相对完善，无论是校长的任职条件、选任方式还是职责范围等方面都有了比较详细的规定，反映出民国时期对校长角色认识与实践都能与世界一流大学校长接轨，促进了民国时期一大批具有先进治校理念和鲜明办学思想的大学校长出现，有专职从事治校事业的教育家型大学校长，以蔡元培、梅贻琦、张伯苓等为代表；有学者出身的教育家大学校长，以竺可桢、胡适等为代表。

（四）新中国成立至改革开放时期"马克思主义教育家"大学校长

这一时期是马克思主义教育家校长的诞生期。新中国成立之初，《共同纲领》规定实行集中的计划经济管理体制，确定了高等教育应培养国家工业建设人才，提出新中国成立初期是有计划有步骤地实行高等教育，院系调整的指导思想是高等教育为社会主义建设事业服务，院系设置要同经济建设相适应，同时师法苏联，按照苏联模式举办大学。国家通过颁布《高等教育暂行规程》对大学校长的职责予以明确：校长代表学校，对学校工作全面负责，领导全校一切教学、研究及行政事宜，成为学校教学、科研和行政事务总长。从新中国成立后至1966年，虽然由于不同时期教育与政治的关系决定了领导体制的变化，分别有校长负责制、党委领导下的校务委员会负责制、党委领导下的以校长为首的校务委员会负责制及党委领导下的校长负责制等实践探索，但校长负责学校教学、科研和其他行政管理工作的角色与职责一直是明确的。这一时期的许多校长具有革命经历，这些革命家出身的中国著名大学校长，或曾担任教育部的高级领导，或曾是中国乃至国际上知名学者或科学家。如"一辈子革命、一辈子办教育"的无产阶级教育家吴玉章校长，致力于高等教育和经济学研究的马寅初校长，杰出的马克思主义宣传家、理论家、著作家和教育家从事教育工作生涯近四十年的李达校长等，他们对教育事业的热爱与忠诚、其教育思想与办学经验对中国高等教育产生了巨大的影响。

（五）改革开放至今选拔的"学者型"校长

这一时期是中国大学校长角色的转型时期。教育与经济发展息息相关，党的十一届三中全会召开后，中国迈向改革开放的新时代，教育界也发生了翻天覆地的变化。首先，1985年出台《中共中央关于教育体制改革的决定》指出，"社会主义建设必须紧紧依靠教育"，教育地位得以提高，尊重知识、尊重教师和尊重人才蔚然成风。其次，进行全面而深入的教育管理体制改革，着重理顺政府、学校和社会的关系，再次确立了校长负责制，探索"学校工作由校长全面负责"，负责处理日常教学科研活动等，充分体现了大学办学自主。随着经济发展和大学职能的拓展，学校和社会联系日益密切，校长不仅对内要领导学校教学科研等各项事务，对外还要处理学校和社会的关系，强化大学校长对外关系责任越来越重要，大学校长不再"闭门造车"，校长的"外交"角色得以强调，[①] 大学校长要成为社会活动家，成为沟通校内外关系的桥梁。北京大学校长周培源、复旦大学校长谢希德等由于往来于世界各国之间，致力于开展国际间科学、技术、文化、教育等交流与合作，提高了北大、复旦国际声誉，因而在高等教育界赢得"杰出的社会活动家"的美誉。1999年以来，中国特色的市场经济给高等教育变革带来了新的发展机遇，国家推动并实现高等教育大众化，大学进入新的发

---

① 胡国铭：《大学校长与大学发展研究》，博士学位论文，华中科技大学，2002年，第41页。

展时期，高等教育法颁布，高等教育管理体制发生了变化，大学校长具有了法人地位，《国家中长期教育改革和发展规划纲要（2010—2020）》提出了现代大学制度架构，在国家宏观调控政策指导下，大学面向社会，依法自主办学，实行科学管理。现代大学制度涉及规范和理顺大学与政府、大学与社会的关系，涉及大学内部治理结构的完善和改革。微观层面是学校内部进一步完善党委领导下的校长独立负责、教授治学、民主管理。在现行体制下，高等教育法明确规定大学校长是法人代表，现代大学制度规定了校长独立负责的权责，需要建构对外与政府、与社会，对内与党委、与教授权责关系，校长角色、岗位要求都发生了新变化，大学校长有了多重责任。

通过对各个历史时期中国大学校长角色的分析，我们可以看到，中国大学校长角色经历了这样一条发展轨迹：一方面，由教育领导体制及大学发展水平决定，校长或者主要由行政部门的官员兼任；或者是知名学者、科学家专职担任，无论是兼任还是专任，他们与政治角色、与官员身份都难以严格区分开来，可以说是学术组织与政治组织由"旋转门"推动，时常跨界。这表明新中国成立之后的教育领导体制下选用校长的标准是政治标准和学术标准，校长既有学术专长也有政治身份。另一方面，从现代意义的大学发展来看，无论在哪个时期，按学术背景选拔从事办学治校的校长是基本做法，所谓"双肩挑"校长，并不是举办者选拔校长的条件，而是高等教育精英发展阶段遴选学者型校长附带的"副作用"，遴选校长角色定位不明、胜任标准不清导致遴选出现的"负功能"。中国大学校长角色及发展演变始终与官员和学者分不开，相互交织，利弊共存，通过对大学校长角色分类梳理，可以充分证实这一点。

三 大学校长角色分类

大学自中世纪以来的很长一段历史时期，都承担着培养高级专门人才的使命，从事高深学问的研究，被看作培养社会精英、专门人才的摇篮，大学校长更是知识的象征、学问的代表，享有很高的社会声誉，成为令人尊敬的精神领袖。在中国，大学校长还享有很高的行政级别，具有很高的政治地位和社会地位。大学校长之所以让人崇敬、享有很高的社会声誉，与人们对大学校长的角色期待息息相关。中国的大学校长角色大致经过了多种类型演变：学术象征型、教学行政型、校务经营型。周川曾在其著述中分析指出，不同类型的校长角色的演变实质是由世界高等教育发展规律所决定的。[①]

（一）学术引领型

学术引领型，顾名思义就是对大学校长而言，主要看中其学术造诣、学术地位、学术影响，以此期待引领提升大学的学术水平。校长的学术水平成为大学学术水平的象征，又称为"学术象征型"。在中国改革开放初期，教育事业迎来了"春天"，国家各项事业百废待兴，需要大量人才；振兴科技尤其需要振兴教育。《中华人民共和国学位条例》的率先颁布和恢复高考招生制度，表征国家在财力有限、教育发展水平有限的情势下，首先恢复发展精英教育。在大学内部领导体制改革方面，要求彻底转变外行领导内行的现象；以干部"四化"为背景，知识化、专业化成为大学校长的选拔条件，"内行办学"在研究型大学逐步演变为院士成为校长的任职条件，深谙学术研究规律的科学家、学问家成为研究型大学的首选，

[①] 周川：《大学校长角色初探》，《上海高教研究》1996年第6期。

诞生了学术能力等同于学术培养能力及教育管理能力的符号效应和迁移效应，院士不仅成为大学学术水平的象征和符号，也顺理成章地成为理应懂管理会管理的教育管理专家。在大学内部，研究型大学学问突出的学者型校长角色强化了大学学术引领性和影响力，强化了大学人对校长的信服和感召，院士、学问家等学术权威任校长随即成为潮流，也被地方一般大学纷纷效仿。为提升地方大学的竞争力，选聘院士或为留住本校院士以担任校长为补偿条件或本校培养院士再推荐担任校长等，都曾被视为成功的选拔经验，选聘学术权威担任校长在精英高等教育时期也曾经是国际通行做法。有学者认为学术象征型大学校长最早出现在西欧国家，许多国家的大学校长最早都是以传统的学术象征者的形象出现，最典型的当数德国和意大利，德国国家的振兴以大学科学研究为工具，职能拓展凸显了对学者型校长的需求。学术象征型大学校长最突出的特点是其可能是某领域或某几个领域的学术专家，因其卓著的博学特质和学术贡献赢得崇高威望，这种类型的大学校长对内通常是教师的榜样、学生的楷模，对外是学校学术水平的代表，成为一种象征，这类校长通常不具备突出的治校能力，校长实则成为一种"礼仪或精神领袖"，校长对学校所起的推进发展作用有限。存在即为合理，学术象征型大学校长曾盛极一时也是诸多原因促成的结果，主要原因与高等教育发展规律有关，其职能决定了校长角色。行会大学的规模很小，大学事务相对较少，可以交给"公务人员或行政主任"承揽，校长完全可以抽身搞学术；早期大学多作为与世隔绝的"世外桃源"而存在，大学职能单一。如西欧国家受"教授治校"历史传统的影响，规模小、以培养研究型人才为时代使命的大学，造就了教授治校，德国在20世纪70年代，大学校长一直由德高望重的教授担任，校长的权力很小，甚至不如讲座教授，教授之权远高于校长之权，校长不得不隐居"二线"，成为象征符号。

（二）教学管理型

相较于学术引领型的大学校长，教学管理型的突出特征在于其拥有较大的行政权力。学术水平和成就并不是成为这种校长的关键因素，而是看重如何运用行政权力做好教学管理事务型工作，实现大学人才培养目标。中国的《高等教育法》第四十三条规定了校长治校权力，集中在学科专业设置和调整、教学人员聘任、教学计划的制订、教学制度的修订、人财物调配等。校长的实际职权大幅增加，象征性作用减弱，校长能够运用这些权力，对行政职能部门和院系进行管理和统筹协调，以推进学校的运行和发展。当然，教学管理型大学校长角色的获得也有着深刻的社会背景：大学规模扩大、大学职能不断拓展，专业数量不断增加、教学活动更加复杂多样，要求大学承担起更多的责任，由科系代替讲座，以专业为支撑的系和学院发展，教学行政事务增多，大学权力重心上移，校长权力增加，教学管理型角色成为校长角色新的分类。

（三）校务经营管理型

大众化阶段的大学，规模庞大，大学城现象已不鲜见，人员繁杂、职能多样、结构复杂、耗资巨大，大学早已不再是一个单纯的教学和学术机构，可谓名副其实的"五光十色的城市"，大学校长如同科尔所说的市长一般，其管理事务可谓无所不包，从教学科研再到社会服务，从大政方针制定到师生衣食住行。高等教育的大扩招导致了校务经营管理型的大学校长角色的出现。大学的校务经营管理型校长在履行教学、科研和社会服务、文化引领的办学过程中，需要懂得教育规律，需要建构自己独特的办学理念，思考大学发展方向，以大学的战略目标为导向和依据，对外部环境进行预测判断，把握大学发展机遇，制定长期发展规划，进行科学决策，获得办学资源，在竞争中求生存、求发展。校务经营管理的根本核心是人才与经费的竞争。今天的大学，已远非昔日之"象牙塔"，它已从社会的边缘走向社会中心，为维持正常运行，力求快速发展，大学这个"小社会"正需要千方百计地把自己的"产品"推向社会，也正想方设法汲取社会资源以维持自身快速发展。由于环境、资源、竞争压力和态势的增加，以内部人才培养、小规模、单一职能的、按计划要求办学的教学管理型大学校长角色不再能满足巨型大学发展的需要，校务经营管理型校长应运而生。相较于前者，校务经营管理型校长的主要特点在于其责任的范围和工作的方式上。这种角色类型的校长所要经营的校务，需要教育理念指导，工作性质不仅要治理内部，包括资源配置与优化、处理行政与党委、行政与学术、效率与民主管理的关系；更要广泛并紧密联系外部，获得与举办者政府、社会各界、校友乃至国际高等教育机构的支持与合作等。其角色更为复杂与多重，如科尔所言，在美国，人们期望大学校长角色成为学生的朋友，教职员的同事，校友会的可靠伙伴，站在校董们一边的明智稳健的管理者，能干的公众演说家，同基金会和联邦机构打交道的精明谈判人，同州议会交往的政治家，工业、劳动及农业界的朋友，同捐款人进行交涉富有辩才的外交家，教育的优胜者，各专门行业尤其是法律和医学的支持者，新闻发言人，地道的学者，州和国家的公仆，歌舞和足球爱好者，正派人，好丈夫，好父亲，教会的活跃成员。其角色与责任不一而足。

把大学校长的角色描绘成以上三种类型并不是非此即彼的关

系，大学校长很可能身任某一角色而又肩负另一种或两种角色，通常都不能笼统简单地归为某一种。大学领导体制因传统不同、规模不同、治理模式不同，角色也随之不同。

四 大学校长角色的影响因素

（一）干部人事制度固化了大学校长的官员角色

领导干部角色与其职务特点密不可分，在中国职业分类大典中大学校长作为事业单位负责人放在了第一类的领导干部系列当中，而非第二类的专业技术人员，大学校长的干部人事制度构成了其角色定位的基本背景。领导干部身份的校长管理制度与大学校长角色有着必然的关联，决定了大学校长的选拔任命、基本职权、考核措施、任期、工资收入等，校长角色是法定的事业单位领导干部角色，是制度化的官员，领导体制固化了校长的官员角色，形成了校长角色的刻板定型。详见表4-2。

表4-2　　　　　　　中国大学校长管理制度

身份地位	《中华人民共和国职业分类大典》将国家机关、党群组织、企业、事业单位负责人区分为第一大类，并不以专业技术人员身份放在第二类，被称为"党政领导干部""事业单位领导"
选拔任命	依据大学级别不同决定校长职级不同，一般由教育部党组或地方党委组织部选拔任命，依次分副部级、正厅级。校长作为事业单位领导人员，按照《事业单位领导人员管理暂行规定》区别不同情况，实行适用于党政机关自上而下的任命制、法定的民主程序自下而上的选任制并辅之以合同形式确定事业单位与人员基本人事关系的聘任制等

续表

基本职权	依据《高等教育法》规定，国家举办的大学，在党委领导下的校长负责制框架下，校长全面负责本校的教学、科学研究和其他行政管理工作，行使七项法定职权：计划组织实施权、教学科研各项活动组织权、副校长推荐权、内设机构负责人任免权、教师聘任解聘权、财产经营管理权等
考核措施	组织部门或管理部门每年组织对大学校长从德、能、勤、绩、廉五方面测评考核，组织大学领导班子、副处级以上管理中层干部以及近年来增加教授作为教师代表，按不同的权重对校长进行任职自评和校内他评相结合，给出优秀、称职、基本称职、不称职四个等级
任期制度	长期以来，上级组织对校长的使用并没有固定期限，但新出台的管理制度明确规定任期不超过两届，一届一般为五年
退出制度	按照党员领导干部管理制度，除了达到退休年龄界限的，年度考核不称职的，责任追究应当免职的，因工作需要或者其他原因应当免职的四种退出情况以外，校长一般在领导干部体系或高等教育系统中升职或流动，没有专门的校长退出机制
薪酬待遇	除校内绩效工资及津贴外，主要按照领导干部职级的统一工资标准，如果专业技术职务工资高于职级工资，则就高不就低

（二）大学职能拓展促进校长角色多元化

从国际高等教育发展史来看，大学在中世纪作为远离社会的"象牙塔"，近代作为与社会打成一片的"市镇"，再到现代作为与社会政治、经济、文化紧密联系的"轴心"机构，大学的发展不断催生新的大学职能，也带动着大学校长角色的流变。中世纪大学以传授高深学问为己任，通过教学履行与生俱来培养人才的职能，科尔曾说过，大学在中世纪主要是作为培养专业人才的职业学校而存在的，从这个意义上说，大学纯粹为教学本身而存在。这个时期的大学发展是伴随着社会行业、教会、政府对人才的满足而具有正当性；随着工业革命浪潮的发展和社会经济的飞跃，从洪堡与柏林大学开始，科学研究成为大学的重要职能；美国大众化高等教育阶段，威斯康星理念促进了大学为社会服务的职能增加；在城市化、工业化发展阶段，大学轴心机构地位的确立，大学职能的增多，大学校长角色也产生了分化，大学校长由兼职者转变为正式的行政领导人，随着高等教育迈入大众化、普及化阶段，大学校长的角色和作用发生了重要变化，大学校长的职责已逐渐由单一化走向多元化，校长不仅是一名学术权威，同时还要懂得大学的社会机构属性，懂得如何处理与社会关系，如何应对财政困难，如何寻找社会资源，如何网罗名师，如何建设校园文化等，又衍生了类似企业家的经营型职业化校长。校长不仅是学生的朋友、教职员的同事，还要成为同州议会交往的政治家，工业、劳动及农业界的朋友，同基金会和联邦机构打交道的精明的谈判人，同捐助人进行交涉富有辩才的外交家。在2002年中国主办的中外大学校长论坛上，美国斯坦福大学前校长卡斯伯尔教授也曾指出，今天的大学校长需要扮演九种角色，即大学校长、首席执行官、学校理事会理事、筹资人、教育者、学者、公众人物、社会工作者和娱乐伙伴。未来的大学有可能产生第四职能：创造新职业说、国际合作说、引领文化说，不一而足，又将会带动新一轮大学校长角色的复杂和丰富。

（三）大学治理中的多种权力模式促进了校长角色并存

大学机构的历史性和职能复杂性决定了大学权力模式不同，形成了大学不同的治理模式和校长不同角色。例如，欧洲模式，大学治理模式是两头强而中间弱，基层组织结构中的大学教授权力强势，在上层结构中，国家、州教育机构居于主导地位，而大学和学院两级行政管理非常薄弱，校长产生于以教授为主的理事会或校务委员会，权力极其有限，仅负责执行理事会决议和实施对学校日常事务的管理，意味着只有执行权，校长只是执行官。而美国模式则是中间强，底部次之，顶端最弱。在美国，政府对大学能施展的权力是最小的，甚至不存在，基层的行会、官僚组织权力也并不大，真正的权力集中在由院校行政官员和董事会组成的中间阶层。董事会"出钱又出人"，是学校的决策机构，选聘校长，且校长作为学校行政管理的最高负责人权力很大，校长是"五光十色的城市"的"市长"。中国大学管理经历了近现代学习欧美，20世纪50年代后效仿苏联，80年代后又重新学习欧美的曲折反复过程，目前中国大学的管理模式仍可以说是一种顶端强、中下层较弱的高度集中的治理模式，当然这与中国历史传统以及大学发展传统也有千丝万缕的联系。从外部治理来看，国家作为大学的创办者，大学同主管部门的隶属关系太强，对教育行政机构有着先天的依赖性，大学拥有较少的自主办学权，大学内部实行党委领导下的校长负责制，校长由上级主管部门直接任命，校长的权力受到内外部环境的限制，深深影响着校长角色的扮演，校长是听命于上级的官员；改革开放后，大学进入新的发展时期，精英阶段的大学校长成为学者；21世纪高等教育大众化时期，大学具有法人地位，法人治理的大学，政府已由"过渡政府"到"有限政府"转变，资源需求与获得形成了教育经济要素和市场要素，追求教育效益造就了企业家校长。大学校长的角色可以说是校长主体自我实现的产物，但更是历史环境中大学管理体制演变的产物，表明校长在践行对角色理想期望的过程中需要体制机制的保障。

同时，国家治理体系与治理能力现代化要求治理是中国现代大学的必然选择。治理理论告诉我们，大学校长角色的转变不仅取决于外部治理的政府，还与内部治理的利益相关者教师、校友、学生等行为的转变密切相关，大学利益相关者日益由"惯例行为"完成向"合理行为"的转变，对教师学术权力而言，要求由"行政本位"到"学术本位"，"利益相关者"校友对大学的管理参与越来越多，已由"默默关注"到"积极参与治理"。校长权力分配和职权范围的变化，形成行政权威的首席执行官、协调中心的协调人、影响中心的召集人等多种角色并存。

（四）大学校长自身角色素质的影响

大学校长角色归根结底是大学校长对角色的认知和理解，从而按角色要求修炼，形成稳定持续的治校行为特质，成为角色素质。符合大学校长的角色素质包括两个方面：一种是扮演角色所需知识、能力及建立在知识与能力基础之上的综合素质；另一种是校长主体创造性实现角色的能力素质。不同时期、不同国度、不同大学对大学校长的角色期望不甚相同，大学校长在实现角色的过程中所表现出的能力、素质也不甚相同。以白石裕[①]的调查为例，在开放式问卷的调查基础上，根据不同的能力需求被大学校长提及的频率，依据"0""0.5""1.0""1.5"四档记分并进行排名，最后将"洞察判断力""学校目标形成和达成力""依法管理力""合作协调力""家庭地区合作力""学校管理职伦理"六项最常被校长提及的基本能力需求用六因子示意图加以展示，如图4-1所示。

图4-1在职校长关于六因子对自身必要性的判断，揭示了校长对各类不同专业能力的需求存在较大差异："学校目标形成和达

[①] ［日］白石裕：《学校管理者需要什么力量——大学院培养、研修的实态及其课题》，学文社2009年版，第68页。

成力"和"学校管理职伦理"需求人数较多,占近50%,"家庭地区合作力""合作协调力""洞察判断力"等需求超过20%,"依法管理力"需求占10%,而其他未被纳入图表的校长角色素质能力需求则更为分化。

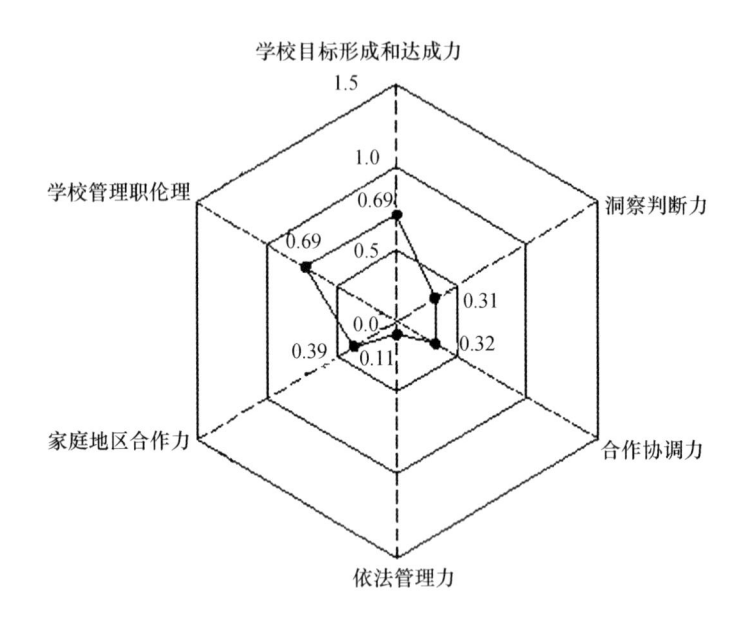

图4-1 在职校长关于六因子对自身必要性的判断

大学校长的角色认知与角色行为也是重要的影响因素。校长的角色认知与行为是指校长对所扮演何种角色、角色规范的认知及关于角色扮演是否适当的判断并运用在治校的行为中。现代校长通常扮演了多重角色,校长唯有对自己应扮演的角色有明确认知,才能产生良好的角色效应。可以说,角色认知是否正确与明确,决定了个体能否拥有良好的角色行为,对校长角色的正确认知能够促进校长的角色学习。角色学习是掌握理想角色技能和行为准则的需要,通过学习，校长可以充分了解自身角色权力、义务、情感、态度和行为要求。对校长角色认知正确与否能够提高校长的角色行为。学校教学、科研及社会服务水平、办学效益等与校长的角色行为密切相关。大学校长在学校的管理过程中实质上起增效、放大作用：放大学校管理系统中的人、财、物等要素作用并增加其系统功能和组合效益。此外，对校长角色认知正确与否也是提高自身素养的重要因素。校长如果能较好把握多重角色，就能明确自己角色的本质和价值，从而自觉地提高自身素质。因此，校长的角色认知与角色行为也会反哺角色内涵，对角色产生相当重要的影响。

第二节 大学校长角色冲突与偏差

大学已从"象牙塔"走向"超级复合社会组织"，不仅内部治理复杂，与外界也有着千丝万缕的联系。治理过程中不可避免地要与内外部多方利益主体发生关系，对多方利益主体负责，扮演多种角色，处在一个复杂的角色丛里。学者们提出大学校长大致扮演着教育家、学问家、政治家、经营管理者、变革领导者、维持服务者、社会名流、政策执行者、召集协调者、行政官员、公共知识分子等十几种角色，科尔在其代表作《大学的功用》一书中，就为大学校长这一角色做出了种种推断："巨人""博学首领""文明世界出现的最常见的骗子和色彩斑斓的搪塞者""权力行使者""劝说者""引路人""寻求一致者"。可谓角色多元庞杂，角色冲突蕴含其中。

一 大学校长的角色冲突

"角色冲突"是指占有一定地位的个体与不相符的角色期望发

生冲突,即个体不能执行对角色提出的要求就会引起冲突的情境。角色冲突问题有两个方面,角色期待和现实角色认同的冲突、角色间和角色内的冲突。

(一) 角色期待和现实角色认同的冲突

大学校长的角色扮演与角色期待相去甚远,各群体对校长角色的期待较集中,但现实认同较分散,根据对有关大学校长的角色期待和现实认同的相关文献的整理分析不难看出,校长的应然角色集中度要高于实然角色认同程度,这说明在现实中大学校长的角色扮演,远比理想中的角色期待要更加的复杂和多元化。相关利益群体都希望大学校长主要成为教育家、变革领导者和经营管理者等,可实际上,大家却认为大学校长最主要是在扮演教育领域的官员、学问家和学校绩效的追求者的角色,而且对教育家角色的实际认同度远低于理想中的期待比例。此外,人们并不希望大学校长是行政官员,但实际上大学校长对行政官员角色的认同度却远高于社会期待。

(二) 角色间冲突

校长角色间冲突是指校长扮演多个角色,由于缺乏充分的时间和精力,无法满足这些角色所提出的期望,于是难免会顾此失彼,特别是角色期待彼此矛盾时,就会产生角色间冲突,如角色执行时间的矛盾和角色规范相悖等。

会议制是现代大学治理结构规定的基本方式,文山会海占去了校长的很多时间精力,也产生了校长的各种角色切换、不适、冲突,需要不断调适。与政府关系中,要听取教育行政部门会议、传达会议,履行大学的公共责任与义务,获得政府的认可与支持;与社会关系中,要进行宣传、合作、咨询、服务,以满足社会期待、获得社会认可和支持；与校友的关系中，要沟通、互动、宣传，以获得信任与支持；与同行大学的关系中，要交流、学习、分享、合作，以获得信息与资源。内部治理过程中，通过决策、审议、咨询、评价、协调、推进、监控等环节处理校内的教学、科研、人事、财务、学生等行政事务，以追求效率、效益和平稳的秩序。事务重大、事务繁杂、事务紧急都使校长难以适应，难以顺利进行角色转换而陷入角色冲突之中。

(三) 大学校长角色冲突的成因

1. 角色适应能力有欠缺

所谓"角色适应"是指"随着社会文化的发展变化，社会中的各种角色也会随之而变，调整自己以适应社会的变动"[①]。校长的角色适应可分为两种类型：一是校长所处的社会地位虽然没有变化，但在社会经济文化发展的洪流下催生了对校长角色的社会期望的转变，在此情况下个体若不能调整以崭新的角色行为来适应变化了的环境，就会发生角色冲突；二是当校长所处的身份地位不变与发生变化时，其所期望的角色行为也会要求做出适时的改变，若非如此，也会产生角色冲突。首先表现在大学校长地位无变化的角色不适应。大学校长的职务和地位没有发生变化，大学校长通常任职时间较长处于任职平庸期，长时间没有职务升迁，产生工作倦怠而又缺少必要的外部退出机制，大学校长临近退休年龄，思想趋于保守，创新动力减弱，事业成就动机不足，当大学出现新形势、新任务时，大学校长仍习惯于用长期积累的经验和思维定式来解决新问题，不能够顺应时代发展及时调整自己的角色状态，结果是常常造

---

① 周晓虹：《现代社会心理学》，上海人民出版社1997年版，第394页。

成角色不适应引发角色的冲突。其次大学校长任职变化的角色不适应。由于校长的升职、流动等职务和地位发生变化，如岗位调整后，新学校的基础与传统不同，发展目标变了、管理对象变了、校园文化变了，过去有效的方法在新学校却未必同样奏效，甚至可能会带来适得其反的效果。在此情况下，校长若不及时调整自己的角色行为，就可能出现角色不适，引起角色冲突。

2. 大学领导体制原因

学校内部的领导体制导致校长的角色冲突：首先，校长任用方式普遍以教育主管部门的考察任用为主，使校长的角色行为具有很强的上级价值主导和依附性。其次，以"官"定位，使校长偏离了应有的专业角色。校长行政级别身份必然导致校长角色在认知上的差异，存在"唯上"校长与校长独立自主应然角色的冲突、科层权威型校长与治理型校长角色的冲突、官员化校长和专业化校长角色之间的冲突。最后，立法体制原因，以国家和公共利益为目的，立法原则将管理原则视为法的原则，教育公共权力优越，行政威权强势，国家举办权与办学权不分，自上而下的直接干预、全方位控制虽有所改善，但在法制层面对行政裁量权没有进行必要的限制，依法行政不够规范，校长的自主办学空间受到挤压，学术自由受到限制，正如布鲁贝克指出，在当代，大概没有任何比压制学术自由更能指向高等教育的要害了，大学自主与被控制导致角色冲突。

3. 角色评价不合理

所谓"角色评价"就是"人们将理想的角色期望与现实的角色行为进行比较的结果"[1]。通常来说，人们对角色评价的高低取决

---

[1] 周晓虹：《现代西方社会心理学流派》，南京大学出版社1990年版，第241页。

于角色行为与角色期望之间的差异量。中国大学校长的评价主要由上级组织主导对校长进行年终测评，评价主体虽有教授与管理中层参与，但只满足于测评的民主程序，真实的意见未必能上达；广大教职工、学生、家长、校友等治理主体的反映与口碑很难到上级组织；评价标准也不够科学，年度考核过程与结果看似严格和慎重，实则忽视大学教学科研的"后发性"规律，为保障大学学术自由而存在的领导的不确定性，导致期望与行为产生差异，都会引起校长角色间的冲突。

二 大学校长角色定位偏差

计划经济时代以行政官员条件及上级组织任命方式选拔任用大学校长；在一流大学建设过程中，片面强调大学行政级别、片面强调大学校长学者化、院士化及工科背景；高等教育大众化、普及化时期，市场经济要素影响、大学管理日趋复杂化，造成了大学校长角色定位偏差，校长经常扮演了官员角色、学者角色及企业家角色。如此种种，导致我们的大学校长管理能力不足、时间精力及敬业精神不足，大学办学资源竞争态势加强，大学绩效管理取向导致教学科研育人中人文精神缺失。具体表现在：

（一）事务观与官员型校长偏差

官员型校长顾名思义，这种类型的大学校长是一种"官"，他们按"官"的指示办事，用"官"的思维管理，以"官"的标准衡量。他们的办学治校观是典型的"事务观"，他们的工作重心是听从"上级"布置，再安排给"下级"的行政事务。他们的职业追求是"当"大学校长，而不是"做"大学校长。这种类型校长的治校偏差体现在以下三方面：（1）行政本位取向，忽视学术组织发展规律。大学行政系统与学术系统的分野，向来是高等教育领域备受争议的话题，这种"博弈"也充分体现在大学校长的治校观念中。(2) 对于官员型校长来说，他们的天平明显倾向于"行政系统"一方，在管理决策中坚持行政本位，其管理方式主要是依靠相关上级领导分配任务，缺少自我的思想，无法做到一心一意为学校、为学生考虑，更多充当的是政府的传声器的作用。[①]（3）我们所说，育人为本，大学生、大学问家、大学家，学气、大气，才是大学，李培根院士曾经说，我们大学存在的官气多了一些、学气少了一些。他们以行政规律代替学术规律，忽视了大学作为学术组织的特性和发展规律，把行政人员置于教师之上，把行政事务置于教学科研之上，追求个人职务的升迁，缺乏对大学战略发展的思考。"官员型"校长对校长岗位的认识，不是将其作为实现教育家理想的舞台，而是作为官场发展的驿站，其追求的价值取向是行政级别的不断升迁，或者是仕途"重用"的中转。虽然他们有时也能做出一些成绩，但因用人体制原因而升迁无望，事业心、责任心就易减弱，不再坚持锐意创新，而是趋向于保守和求稳；"并避免做出任何打破常规的事情"。[②] 做官的逻辑压倒了办学的逻辑，他们用"官"的逻辑，而不是"学"的逻辑办学，缺乏对大学发展的关注与思考，在个人与组织、个人与教育使命之间形成了错位。

重视事务管理，忽视人性管理。所谓事务管理，就是以"事务"为中心的管理，以完成行政事务为目的，依靠规章制度、职责体系，进行程式化、有序化的刚性管理。所谓"人"性管理，以

[①] 王飞、王运来：《从"官场主体性"到"学场主体性"——教育家办学语境下大学校长主体性生成场域的转向》，《学术探索》2012年第3期。

[②] [美]詹姆斯·杜德斯达、弗瑞斯·沃马克：《美国公立大学的未来》，刘济良译，北京大学出版社2006年版，第118页。

"人"为中心,以激发调动人的主观能动性为目的,依据人的思想、特性,用组织共同的价值与文化理念、精神氛围进行人性化、人格化的柔性管理。官员型校长偏好刚性管理,而在人性管理方面有所欠缺。

(二) 学术观与学者型校长偏差

学者出身的大学校长,一方面,扮演着大学的管理者和领导者的角色;另一方面,在学术领域,他们还扮演专家、顾问等科学家、学问家角色,有些校长还一直是国家重大科研项目的负责人,在学术研究方面投入了大量的时间和精力。他们往往身兼数职,既招收硕士、博士,承担科研攻关项目,又在各类学会、社会组织甚至企业担任要职,走上了"双肩挑"校长之路。这种类型校长的治校偏差体现在:学术与行政价值冲突时,往往以学术为本位,长期的学术惯性思维,使之易忽视高等教育管理规律,造成行政与学术角色冲突。"双肩挑"校长本身就是从"学者"岗位上走上来的,走上校长岗位之后,不舍得放弃自己的学术成就和其他学术职务与机会,便左手"抓"治校,右手"抓"科研,一肩挑业务,一肩挑行政,不断地应对角色转换。大学固然是讲学术的,但大学校长个人却不能沉湎于学术,他们是曾经的学者,但现在是校长,校长的使命是治校,而不是治学,更重要的任务是引领学术人创造,是创造科研自主、保障自由的学术环境。因此,复杂组织的管理需要校长全身心投入,需要把治校当成专业,治校靠的是高等教育管理规律,是教育学术逻辑,忽视教育管理规律自然无法成为优秀校长,所以应把教育管理视为专业,学术研究应是教育学术研究,个人学术发展应是教育学术发展。"双肩挑"的后果是重视多头管理,忽视专业管理。不管是做行政、搞研究还是做项目、带学生,"双肩挑"校长的管理始终是"多头"的，这种多头的结果就是哪一头都难"做大做优"，结果是或者将治校作为"兼职""打酱油"，敷衍塞责，或者疲于奔命，左右为难。角色冲突往往治校难有建树，学问也难以做好。在这种学术观的牵引下，学者型校长还会派生出"学科至上"的"学科型"校长，"学科型"校长过于重视个人原有专业学科的发展，把大学当成个人学术学科发展的资源和平台，将校长职位作为获取学术资源的"捷径"，很容易导致忽视大学优势学科传统，忽视大学科学发展和特色发展。无论是在学校发展战略的制定上，还是在学科建设和师资队伍建设方面，"学科型"校长的价值取向总是会不自觉地偏向自己所在的学科专业，资源配置出现明显的倾斜与失衡。导致治校出现偏差，具体表现在：

第一，发展定位的偏差。"学科型"校长会不由自主地将学校发展的重点定位在自己的优势学科领域上，而不是学校整体的传统与优势上。这或许是出于自身的兴趣偏好，或是利益的导向。无论何种原因，这种发展定位的主观偏好都是不可取的，容易导致学校的发展方向偏离大学传统和特长，要么导致学术止步不前，要么导致学术走上弯路，严重的甚至还会导致学术发展上的倒退。

第二，资源配置的偏差。正如上海大学校长金东寒所言，中国高校普遍存在着"公家田"和"自留地"问题，学校的发展是"公家田"，自己的专业或团队是"自留地"，当两者发生冲突时，"学科型"校长往往就会首先考虑"自留地"，这就和其校长角色相冲突，容易忽视学校资源分配上的公平与科学。不公平、不稳定的环境对学术、对学者都是伤害。

(三) 绩效观与"CEO"型校长偏差

现代意义的大学具有组织结构双元性、教师雇佣性、教师工作特点的自主自由期待、精神归属学科团体及在大学组织发展中应有决策话语等特征，但中国探索现代大学制度的过程中，大学管理运行受商业模式影响，烙上了很深的商业印迹，甚至有学者认为有被商业模式取代之势。各种教学科研及管理"国标""校标"流行且看似正当合理，人才培养和研究的学术工作被绩效管理，被僵化为模板操作；课堂成为生产流水线，师生学术个性化发展、求异思维被流程化；大学以追求效率节奏为荣；以美国大学发展观为效标的思维及管理路径，追求办学治校以"绩效"为本，一切以评估指标数据为终极目标和最大追求，治校的成果体现在学校各项指标和排名上，这种类型校长的治校偏差体现在：

第一，以绩效为本位，忽视育人组织发展规律。为了获得突出的政绩，往往大搞校园建设、形象工程、政绩"量化"工程，强调规模发展，导致了校园环境过于世俗、过于喧闹，失去了宁静和厚重的文化气息和氛围。这种表面上的"高效率"其实只是重虚名、重表面、重速度。追求绩效的急功近利，使大学育人组织的特性和发展规律往往被遮蔽，校长不由自主地将自己视为"大学企业"的主人，视教师和学生为员工，育人文化、学术自由文化逐渐被消弭。

第二，追求管理业绩的提升，缺乏人文精神的涵养。一般的企业经理人"CEO"想要为企业创造更多的收益，就不得不迎合市场与客户，市场喜欢什么就生产什么，客户喜欢什么就满足什么。与此类似，对于"CEO"型校长而言，为了追求管理业绩的提升，往往忽视大学人文精神的涵养，他们追求的往往是诸如校园面积扩大、大楼增加、论文数量攀升之类的外显"硬指标"，而无视诸如精神提升、文化进步之类的内隐"软指标"。大学在这种"科学化""标准化"和"程序化"的管理中失去人文关怀,导致大学的官僚化与功利化。

第三,重视硬管理,忽视软管理。特罗将高等教育管理分为"硬管理"和"软管理",所谓"硬管理"就是通过改变管理机制迎合商业企业的需要,商业管理模式是"硬管理"的核心理念;而"软管理"是把高等教育看作自治的活动,受到自身规律和传统的支配,有一套有效和理性化的管理手段,服务于学术团体自己确立的组织功能。"CEO"型校长偏向于采取"硬管理"的思路策略,而较少在软"管理"上下功夫。

在这种绩效观的牵引下,"CEO"型校长的偏差会导致实际管理实践中的诸多缺失,具体表现在:(1)课堂教学不同程度被边缘化。将课堂教学边缘化,忽视了课堂教学在大学中的"本",只抓形式,不抓实效,就会导致教学质量的低下,导致整个高等教育质量的下滑。(2)人文教育的缺失。人文教育是一种注重理想人格塑造、促进人性境界提升的教育,其实质是人性教育,其核心是涵养人文精神。过于关注绩效业绩的校长,就会欠缺人文精神教育,看不到对学生进行人文教育的重要意义,这对于学生人格的全面塑造是极其不利的,只能培养出一些"半人"之才。(3)人文关怀的缺失。大学毫无疑问是一个"人"的组织,无论是教师还是学生,都需要接受作为人的关怀,获得对自身存在的认同感和价值感,而这些正是"CEO"型校长所欠缺的。这种人文关怀的缺失会导致师生群体缺少对大学的归属感和认同感。以上三种角色定位的偏差详见表4-3。

表4-3　　　　　　　　　大学校长角色偏差

偏差类型	官员型校长	学者型校长	"CEO"型校长
"偏"向	行政本位	学术本位	绩效本位
	个人职务升迁	个人学科发展	管理业绩提升
	刚性管理	多维管理	硬管理
"差"向	学术组织发展规律	高等教育管理规律	育人组织发展规律
	大学发展思考	科学学科建设	人文精神涵养
	人性管理	软管理	专业管理

上述偏差在"去行政化"为主题的现代大学制度建设过程中并未有所改观，其关键因素还在于校长角色定位专业化的缺失，在于校长职业化制度没有形成且不能及时提供保障。

第三节　大学校长专业角色定位

针对大学校长角色错位引发的治校实践的种种偏差，其角色的调适及清晰的定位迫在眉睫。

一　大学校长角色调适

（一）校长需要提高角色扮演能力

提高校长角色扮演能力是缓解校长角色冲突的基础，角色扮演能力越强的校长，协调各种不和谐的角色期望的能力也就越强，产生角色冲突的概率也就越小。首先，应把握更多角色认知机会。有研究表明，名校长的成长要经历教师、中层干部、副校长、校长、名校长的一般过程。[1] 校长成长的每一步，都是角色认知的过程，

---

[1] 应俊峰、胡伶等：《名校长成长过程与要素分析》，《教育管理》2005年第5期。

只是内容有所不同。在校长成长的过程中，通过学习培训的机会和实践锻炼提高，并主动地把教育管理专业角色认知转化为内在的自觉行为，注重把角色认知的内容与行为相联系，反思过程之不足，在实践中主动改善角色行为。其次，促进校长角色移情。所谓校长的角色移情，就是指校长应培养作为"校长"的职业情感，淡化学者角色及对原有学术研究的兴趣，淡化"官员"行政职务的情感，淡化企业家角色对绩效、对效率的热衷，促进校长的角色移情，使校长既敬教育事业又乐教育事业，增强校长角色吸引力。对校长角色保持热情，校长就会主动研究角色行为规范及扮演方法，不断总结经验教训，长此以往就能提高校长的角色扮演能力，自然就会减少、缓解乃至消弭校长的角色冲突。促进校长角色移情有如下措施：（1）教育主管部门应该主动关心校长、理解校长。建立激励机制，使大有建树的校长受到表彰奖励。（2）适当提高校长的收入水平，2001年澳大利亚许多国立大学校长的薪水甚至超过总理。

（二）校长需要进行角色价值分层

社会体系中的角色权利和义务划分得很清楚时，角色冲突就会降到最低，这种对角色权利和义务的划分就是角色的规范化，校长角色的规范化就是校长要有明确的责任意识，在此基础上校长要看清自己所扮演角色的主次。当有两个或两个以上角色发生冲突时，校长要对这些冲突的角色"价值"进行分层，将最有价值的角色排在首位，美国社会心理学家古德提出角色选择方法：个体要从各种互为交叉的角色中挣脱出来，把有限的时间和精力用到那些对自己更有价值的角色上。① 例如，北京师范大学新任校长董奇在就职演讲中承诺：在担任校长期间，不申报新的科研课题、不招新的研究生、不申报任何教学科研奖、个人不申报院士。董奇还表示，要把100%的精力用于学校管理，要用"整个的心"去做"整个的校长"。董校长的承诺就是对角色价值进行了分层，并进行了价值选择，在他看来，专职做好校长是把有限的时间精力用在更有价值的角色上，置于价值优先地位。

（三）校长需要增强角色适应能力

大学变革要求校长要及时更新角色观念、调整角色行为，适应新角色才不会发生角色冲突与偏差。从大学发展变革的外部机遇与挑战来看，校长要主动学习和提高。知识快速更新的时代，新的教育理念和学校管理模式层出不穷，校长如果不加强自身的学习，因循守旧、思想观念落后、缺乏创新意识，便不能适应现代化教育的发展，势必引起校长的角色冲突。主动学习、终身学习，不断提高，校长的角色适应能力就会增强，就可以减少或者缓解角色冲突的发生。从角色行为偏差纠正来看，校长要定期调查自己的角色行为情况，不仅是大学利益相关者众多，校长在履职的过程中往往不能顾及所有相关者；而且不同价值取向导致种种角色和行为偏差，很多时候校长往往得不到这种行为偏差的反馈，还是按过去的方式践行角色行为，就会产生角色冲突。因此，校长应该具有一种自我监控能力，及时敏锐觉察到和自觉自愿调整自己的角色行为。从校长个体专业成长过程来看，在校长职位和地位没有发生改变时，校长要做定期调查，方式可以是问卷、个别交谈、座谈等以调整自己

---

① ［美］理查德·格里格、菲利普·津巴多：《社会心理学》，丁垒译，上海人民出版社2005年版，第100页。

的角色行为方式，提高角色适应能力和缓解角色冲突；当校长职位和地位发生改变时，校长要先了解新情况，再确定自己的角色行为，避免因循守旧而陷入角色冲突。

（四）评价合理化促进大学校长角色调适

大学校长的评价机制是现代校长管理体系中的重要部分，关系到校长的专业领导角色定位、选拔任用等，是校长职业化进程中的一项战略性的举措。合理的校长工作评估体系不仅可以对校长的工作质量进行评估，而且有利于减少校长的角色冲突与偏差。首先，在评价目的上，大学校长评价取向要既重"督"又重"导"，有利于校长的角色移情，增强对教育岗位教育事业的热情，使校长主动探究角色行为的规范和扮演方法，创新校长的角色行为，缓解校长的角色冲突。评价标准应以校长专业胜任标准和岗位职责为依据，以此来明晰校长的角色行为，减少和缓解因为校长评价引起的角色冲突。其次，从评价方式方法使用来看，呈现多元化趋势，相对评价法、绝对评价法、定性方法、定量方法、分析评价法、综合评价法等不一而足，为我们选择评价方法提供了自由和空间，综合运用多种方法有利于全面评价。[①] 最后，校长岗位评价要促进大学教育事业发展，评价主体应以校长岗位的教育价值观和专业价值观为取向，评价者的选择必须具有科学性，评价应具有多主体性，确保评价结果的客观、可信。评价结果不仅是选人、用人的需要，更是大学事业的需要，还是教师、学生、家长、校友等利益相关者的需要，应当多主体共同参与。

大学校长角色扮演能力的形成是校长角色发展社会化的结果，

---

① 郭凯：《中国大学校长评价的基本走向》，《教学与管理》2005 年第 1 期。

也是大学办学治校思想和实践行为的反哺，校长角色扮演、角色适应、角色价值选择、角色评价合理性等角色的调适固然重要，但更多的是技术与方法的获得和运用，本质上还是需要对校长角色进行科学定位。

二 大学校长教育家角色定位

凯利和蒂博认为："角色是他人对相互作用中处于一定地位的个体行为的期望系统，也是占有一定地位的个体对自身行为的期望系统。"大学的学术地位及校长对大学的贡献使社会及校长自己都会对校长角色有所期望。大学校长作为一所大学的最高领导者，是学校管理的组织者和实施者，是学校改革发展的引导者，对于大学校长自身的发展、高等院校的发展以及高等教育的长远发展有着十分重大的影响，其角色定位非常重要。从大学校长角色与治校行为的偏差可以发现，大学校长角色定位是解决问题的关键，校长角色定位并不是对校长角色的重新界定，而是从社会现代化、教育治理现代化的视角，从更高层面上来认识和把握校长的角色，是从当前大学治理过程中的角色偏差而言的修正。大学校长对学校的影响可谓至深至远，任务也日益繁重，面对纷繁复杂的校内外环境，大学校长要如何发挥作用，如何应对不同的角色要求而成为一名胜任的多面手，是一个值得深思的问题。当前，大学自主、竞争、经营与服务多重职能使大学具有复杂性，校长唯有依靠专业理念、专业态度及专业能力去办学、去变革，大学校长专业角色是必然选择；大学法人地位的获得与独立自主办学环境和条件，使社会对大学校长角色的理想充满期待，传统的官本位、行政化、企业家及学者型的角色饱受社会质疑与非议，促使校长形成专业角色成为必然选择；

越来越多有影响力的校长履新者的承诺,也是校长自身对专业角色的必然选择。

(一)角色定位理念之教育专业角色

首先,何为管理者?"管理者"是管理行为的主体,一般拥有相应的权力和责任,具有一定管理能力。管理者通过协调和监督他人工作来实现组织活动的目标。美国著名管理学家德鲁克首先提出"管理者角色"概念,他认为管理是一种通过各级管理者体现出的无形力量。明茨伯格认为,管理者扮演三类角色:处理与组织成员和其他利益相关者关系的人际角色,确保工作人员具有足够信息能够顺利完成工作的信息角色,处理信息得出结论的决策角色。随着社会分工、职业分化,要求岗位专业化,"专业"一词,主要是指技术专家拥有高超的技术和能力,随着社会生产的进步和科技力量的强大,越来越多的职业必须以专业知识技能为支撑,职业岗位越来越需要成为专业岗位,管理岗位也不例外。一个职业要称为专业,必须满足一定的特点和标准。1933年,布兰德斯在经过对医生、律师等专业进行研究之后认为:"专业是一个正式的职业,为了从事这一职业,必要的上岗前的训练是以智能为特质,摄入相当的知识和扩充某些学问,它们不同于纯粹的技能;专业主要供人从事为他人服务而不是从业者单纯的谋生工具,因此,从业者获得经济回报不是他职业成功的主要标准。"美国全国教育协会公布了关于"专业"的八条评判标准:(1)专业实践属于高度的心智活动;(2)具有特殊的知识领域;(3)受过专门的职业训练并获得相应的态度、情感与价值观;(4)经常不断地在职进修;(5)视工作为终身从事的事业;(6)行业内部自主制定规范标准;(7)以服务社会为最高目的;(8)设有健全的专业组织。因此,有专业知识技能作为保障,有值得信任的专业态度、专业情感、专业价值观,进而承担一定的社会责任,是专业的基本内容。大学校长的角色由最初的官员、学术象征到专业管理者,或多或少会引起人们的一些疑虑:大学校长学术水平的降低是否会削弱学校领导能力?周川教授对此的回答是,对学校起关键性作用的是校长的组织、判断、决策等能力,学术水平已退居其次。另外,作为专业管理者的大学校长并不会导致外行领导大学,他们深谙治校之道,有突出的专业管理才能,是"校长专家",[①] 当然这是以承认大学校长这一职位是一门专门学问为前提的。2017年国家出台了《高等学校领导人员管理暂行办法》,明确提出取消大学行政级别,改革高校校长选拔、任命制度,不能再按官员标准、学术标准及其管理方式选拔校长,对推进大学校长专业化具有重要的实践性和针对性。如果说教育家是校长角色定位的理想,那么最重要的是他的教育家素养,教育家知识背景和能力结构决定了其应具备教育管理专业素养,具备相应的专业伦理与人格特质,这也是教育家校长的成长条件。

(二) 角色定位理念之教育家校长

在教育界,关于什么是教育家的问题,众说纷纭。眭依凡认为,教育家首先应当懂得教育教学规律,懂得人才成长和培养的规律,要对教育有一种执着的爱和忠诚;有独到的教育思想和系统的教育理论;有丰富的教育经验,能进行创造性实践;有较大的社会影响和较高的社会威望。[②] 程斯辉认为,教育家应该指那些在前人教育实践的基础上进行过富有成效与特色的教育实践活动,并为其所处的时代培养出许多有用之才的人,以及那些在前人教育思想的

[①] 余立:《校长——教育家》,同济大学出版社1988年版,第107—108页。
[②] 眭依凡:《一流大学校长必须是教育家》,《求是》2001年第20期。

基础上提出过独到的教育理论并产生过一定社会影响的人。① 韩延明认为，遵循高等教育发展规律、人才成长发展规律和市场经济发展规律来办学治校，具有先进独到的办学理念和为大学发展无私奉献的校长，可以称为"教育家"大学校长。② 厦门大学王洪才教授认为，现代大学校长应该扮演四种基本角色：一是学术利益的代言人；二是国家教育政策的执行人；三是学术发展的领导人，是学术发展的规划者和管理者及经营者；四是社会利益的主动反映者。这意味着大学校长必须处理好大学与学术界的关系、与政府的关系、与大学内部成员的关系和与大学外部成员的关系。③ 从发展趋向来看，"筹资者"将成为大学校长的新角色。大学校长应转变观念，主动适应现实要求，自觉担当传统的教育家和现实的筹资者的多重角色。④ 有学者提出了教育家具有五个基本特征，分别为"真诚无私的教育爱""创造性的教育工作及其显著的工作实绩""独特的教育经验和思想""为人师表，成为教育目标的化身"以及"一定的社会影响和声望"。对于任何一位教育家来说，都是共同的必备的要求，缺少其中任何一项都很难称得上是"教育家"。⑤ 在中国的大学校长中有诸多公认的教育家，如蔡元培、梅贻琦、张伯苓、竺可桢、马相伯、任鸿隽等，学者从不同角度阐述对教育家校长的内涵。从实践层面来看，针对校长角色与行为偏差而言的教育家校长，我们更加强调当前校长类型偏差所缺失的素质与能力，例如，

---

① 程斯辉：《中国近代大学校长成为教育家的当代意义》，《河北师范大学学报》（教育科学版）2007年第5期。
② 韩延明：《大学校长应具"教育家修为"》，《探索与争鸣》2015年第7期。
③ 王洪才：《论现代大学校长的社会角色》，《大学教育科学》2006年第1期。
④ 代蕊华：《筹资者：大学校长新角色》，《高等教育研究》2000年第3期。
⑤ 殷爱荪、周川主编：《校长与教育家》，福建教育出版社2004年版，第273页。

对于教育规律的把握、对于大学发展的思考和人文精神的涵养、对于管理方式上的人性化缺失等。

具体而言，本书所提出的教育家校长具有如下内涵：首先，教育家校长是熟知大学育人为本与教育规律的。如果说大学是遗传与环境的产物，大学校长的教育家角色就是这个产物所承载的大学内外部关系规律的具象。① 他们在实践过程中不断熟悉大学的育人组织发展规律和学术组织发展规律，不断积累高等教育管理规律，即高等教育专业知识、理念层面。其次，教育家校长是具有战略治校思想的，所谓"站位要高"，是把教育管理哲学指导运用于实践的。他们不仅懂得并思考高等教育发展的一般规律，还表现在有学校战略家的眼光和胆识，能从国家高等教育发展战略来看待学校发展战略，甚至能把学校发展战略、教育发展战略与整个社会发展战略、世界发展战略统一起来；用世界与国家的视角，审视学校战略发展的实践并反思学校发展的实践；进而能以教育理念治校、发展战略治校、现代治理制度治校、育人文化与学术文化治校。他们既是学校发展的"家长"，又是学校进步的"引路人"，更是学校学科建设和专业发展的主要推动者。② 最后，教育家校长是真正关心大学发展的，将自己融入学校的。他们将学校的发展当作自己的发展，将学校的成就当作自己的成就，在全身心治校中实现自己的人生价值与社会价值。他们在大学，他们只在大学。校长是他们的唯一职业，治校是他们的唯一事业。他们深知，大学校长是一项需要全神贯注、专心致志、全力以赴去做的事情，没有时间也没有精力再去

---

① 宣勇、张鹏等：《大学校长管理专业化研究的价值与基本问题》，《复旦教育论坛》2013年第11期。

② 陈燃进：《现代大学校长的现实困境与理想角色探究》，《高教探索》2015年第5期。

旁顾其他的事情。① 近几年，山东大学原校长徐显明退出学术委员会引发极大关注，湖南大学原校长赵跃宇承诺在担任大学校长期间不申报课题、不带研究生，北京师范大学校长董奇在其就职演讲中谈到要用百分之百的精力做"全心全意的校长"，清华大学原校长陈吉宁掀起大学校长是否应是学术权威的讨论高潮。这些都是高校掌门人以校长为事业的生动说明。

因此，教育家大学校长角色定位有以下几个方面：第一，校长职位应视为专业岗位，应经过专门训练或具备管理实践经验，具备教育管理专业知识与能力；第二，应强调校长职位的专业伦理优先性，应把引领学校发展视为全职工作，以"治校"为业，"用整个的心做整个的校长"，个人学术事业应研究办学治校；第三，人格特质应具有超凡魅力、富有感召性和示范性；第四，应具有对大学育人组织的独立思考，有教育情怀和人文情怀，并有志于终身从事教育事业；第五，教育家校长应具有专业的治校能力，体现在大学卓越领导力、战略判断力、治校决策力、办学执行力、推动创新力、成效影响力等方面。同时应创设促进校长职业化的遴选制度和保障制度，促进校长岗位专业化。

---

① ［荷兰］弗兰斯·F. 范富格特：《国际高等教育政策比较研究》，王承绪译，浙江教育出版社 2001 年版，第 3 页。

第五章

大学校长专业胜任特征指标体系

本章通过总结归纳大学校长胜任特征识别的结果，建构出大学校长专业胜任特征的"5D"维度——教育伦理、个人特质、教育理念、知识素养和治校能力，并运用访谈法，通过对四种类群共计21名访谈对象的访谈分析，得到专业胜任特征五大维度中每一个维度的具体内容，整理构建出完整的大学校长"5D"专业胜任特征指标体系。

第一节 大学校长专业胜任特征识别

以教育专业定位为理念的教育家校长角色，对大学校长的胜任能力提出了更高要求，本节以第二章的"胜任特征理论"及"专业胜任特征的识别方法"为依据，探讨大学校长专业胜任特征应该如何识别。

一 职责驱动的胜任特征识别

基于职责驱动的胜任特征识别实质上就是以工作分析为核心，围绕"工作导向"和"人员导向"两种思路展开，进行胜任特征要素识别。

一方面，以工作为导向的工作行为要求大学校长具有岗位专业性。这是因为大学教育组织和学术组织作为"高等"类型，其工作行为具有专门性、复杂性、创造性特征，需要具有一定的专业基础与要求，特别是复杂的办学治校工作，更加强调其专业思想和教育理念。另一方面，以人员为导向的工作行为要求大学校长具有人格示范性。工作者在工作中所表现出的人格性向特点是人员导向的工作分析的重要考察方向，这就要求工作者具备与工作相关的独特的人格特质，能够表现出在人格方面的示范作用。

（一）岗位专业性要求大学校长具有教育管理知识素养与治校能力

校长岗位作为一种专业岗位，强调"教育管理"专业性，应具备大学专门管理经验或经过专门训练具备教育专业管理的知识与能力，达到专业岗位胜任的标准和要求。岗位的专业性，既体现在专业知识中，更体现在专业能力上。就专业知识而言，针对大学校长岗位并不是特定的某种学科或专业背景指向，而更多地体现为一种教育专业知识素养，即个体应具有的高等教育理论知识储备和修养，尤其是教育思想和教育理念；就专业能力而言，大学校长的专业能力集中体现在其治校方面，即治校能力。

（二）人格示范性要求大学校长具有超凡的个人特质

领导特质理论"强调领导者自身具有一定数量的、独特的并且能与他人区别开来的品质与特质对领导有效性的影响"，同理，大学校长的个人特质能够对其治校行为的有效性产生一定的影响，并对与其工作相关的其他人员、事物产生示范作用，从而进一步促进治校成效的提高。因此，超凡的个人特质也是大学校长胜任特征的重要组成部分。

二 产出驱动的胜任特征识别

产出是高绩效者的工作成果，产出驱动通过检查这些产出来考察胜任特征。具体而言，通过产出来识别胜任特征，就是从工作的产出即目标达成度着手，来考察为达到这些目标所需要具备的胜任能力。因此，运用产出驱动法，首先便要求相关工作的目标是什么，以明确清晰的目标坐标为依据，得出相关的胜任特征要求。

大学校长，一校之长，"长"于治校。校长在一所大学中最重要的作用或者说根本职责所在，就是治校。然而，并非任何形式与结果的行为都是我们所需要的，基于产出、基于目标导向的治校应当富有成效性。那么，这种治校成效性从何而来呢，如何才能让大学校长的治校富有成效性呢？

（一）治校成效性要求大学校长理念治校

归根结底，治校是一种实践活动，但这种实践从来不是随意的、偶然的；不是片面听从上级的，不能是基于校长个人学术私利的，也不宜似企业片面追求绩效的，而是在实践主体的认识指导下的实践。实践和认识的统一是辩证唯物主义认识论的基本原理和重要方法论原则，认识服务于实践，实践需要认识来指导。校长的治校实践正是在其本人治校认识的指导下进行的。认识的发展过程是从感性认识到理性认识的飞跃，理性认识是感性认识的升华，是认识的高级阶段。理念包含在理性之中，是诸理性认识及其成果的集大成，正如康德所言，理念是从知性产生而超越经验可能性的"纯粹理性的概念"。① 因此，认识需要上升到理念才能发挥正确的指导作用，这就要求大学校长理念治校。

理念治校，对大学组织而言，乃愿景及方向之指引原则，乃组织之最高领导原则，有理念之组织方能分享共同价值观。② 有理念之组织方能凝聚师生之共识；有理念之组织方能塑造大学育人文化和学术组织文化；有理念之组织方能长治久安。在大学中，不是无为治校，也不是职位与权力治校，而应该是知识与理念治校。

（二）理念治校要求大学校长具有教育理念

大学组织毫无疑问是一种教育组织，一种学术组织，这种组织特性要求大学校长的理念应当是真切的教育理念。根据眭依凡教授的定义，教育理念是"关于教育的理念"，是教育主体在教育实践及教育思维活动中形成的对"教育应然"的理性认识和主观要求。③ 针对校长治校成效性的目标而言，它是校长办学治校的理想、目标、追求、主张，它是一种认识层面的思考，是办学治校的一些根本的想法。具体讲就是：你想办成一所什么样的学校？这是治校的定位思考，是每一位校长对自己职业的责任、义务和使命必须做出的回答。

教育理念可以让大学校长对"大学是什么"产生正确的价值判断和基本看法，影响他对大学方向、使命及其应当承担的责任和义务的选择，影响他对大学功能、作用和任务的确定，使其具备整体思维和高屋建瓴的理念与能力，从而从各方面提高大学校长的治校能力。

---

① 北京大学哲学系外国哲学史教研室：《西方哲学原著选读》，商务印书馆1982年版，第427—428页。
② 黄俊杰：《大学校长遴选：理念与实务》，北京大学出版社2006年版，第70页。
③ 眭依凡：《大学校长的教育理念与治校》，人民教育出版社2001年版，第60页。

三 趋势驱动的胜任特征识别

美国著名的教育社会学家马丁·特罗教授以高等教育毛入学率为指标，将高等教育发展历史分为"精英、大众和普及"三个阶段。他认为："一些国家的精英高等教育，在其规模扩大到能为15%左右的适龄青年提供学习机会之前，它的性质基本上不会改变。当达到15%时，高等教育系统的性质开始改变，转向大众型；如果这个过渡成功，大众高等教育可在不改变其性质下，发展规模直至其容量达到适龄人口的50%。当超过50%时，即高等教育开始快速迈向普及时，它必然再创新的高等教育模式。"[①] 2016年，教育部首次发布《中国高等教育质量报告》，报告称2015年中国在校大学生规模达到3700万人，位居世界第一；各类高校2852所，位居世界第二；毛入学率40%，高于全球平均水平。到2018年，高等教育毛入学率已达到48.1%，即将进入高等教育普及化阶段。根据特罗教授的观点，在不同的发展阶段，高等教育管理形式有不同的特点，在普及阶段，将产生"更多全职的专业管理者，采取学术以外的管理技术"。特罗对高等教育三阶段的界定详见表5-1。

表5-1　　　　　　　特罗对高等教育三阶段的界定[②]

	精英阶段（0—15%）	大众化阶段（16%—50%）	普及阶段（50%以上）
管理形式	由"业余的管理者"——学者兼职担任	之前的学者成为全职管理者	更多全职的专业管理者，采取学术以外的管理技术

---

① Trow M., *The Expansion and Transformation of Higher Education*, International Review of Education, 1972, pp. 61-84.

② Trow M., *Reflections on the Transition from Elite to Mass to Universal Access: Forms and Phases of Higher Education in Modern Societies since WWII*, University Education Science, 2009, pp. 243-280.

因此，在趋势驱动下，大学校长成为全职的专业管理者，对于他们而言，最重要的先决任务就是成为一种专业角色，并掌握学术以外的教育专业管理技术，这就要求大学校长具有专业伦理优先性。专业伦理，是关于专业责任与行为所依据的原则与标准，是专业团体针对其专业特性要求所形成的道德价值观与行为规范。作为教育专业工作者，校长职位作为专业岗位，毫无疑问应遵守教育专业伦理。我们所强调的教育伦理，是强调校长职位的专业伦理优先性，应把引领学校发展视为全职工作，强调"用整个的心做整个的校长"，强调个人学术事业不再是任职之前的学科专业，应转为研究高等教育理论和办学治校实践，专业伦理的优先性还指在校长岗位专业建构过程中，专业伦理比专业知识、技能更重要更具有实践针对性。

第二节 "5D"大学校长专业胜任特征

如前文所述，本书围绕胜任特征识别的三种方法——职责驱动法、产出驱动法和趋势驱动法，并结合相关理论基础，为表达更为精简，理论建构得出五个方面，用英语单词 dimension 表述，成为专业胜任特征的"5D"，分别是由职责驱动法得到的"知识素养"维度、"治校能力"维度和"个人特质"维度，由产出驱动法得到的"教育理念"维度以及由趋势驱动法得到的"教育伦理"维度，如图5-1所示。

如果将这五个维度对应到胜任特征的冰山模型，则"知识素养"与"治校能力"分别对应为模型中的"知识"与"技能"两个维度，属于"冰山"最外围的两层，是外显因素；而"个人特

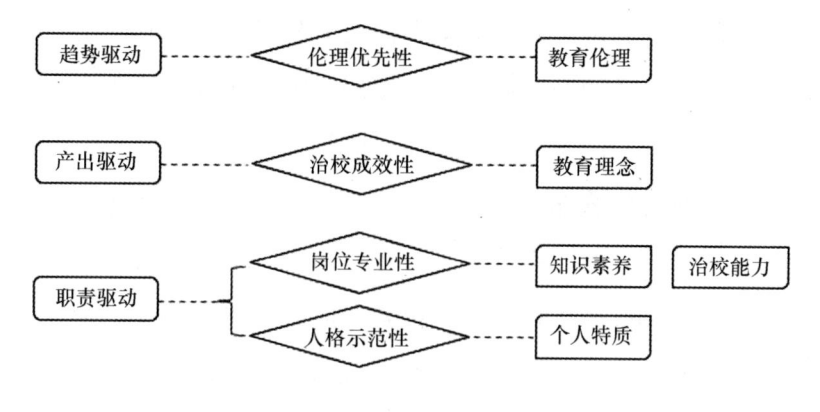

```
趋势驱动 ---- 伦理优先性 ---- 教育伦理
产出驱动 ---- 治校成效性 ---- 教育理念
职责驱动 ---- 岗位专业性 ---- 知识素养    治校能力
         ---- 人格示范性 ---- 个人特质
```

图 5-1 "5D" 大学校长专业胜任特征

质""教育理念"和"教育伦理"则属于"冰山"内部结构，是内隐因素。然而，基于本书的理论背景和职业化视域价值取向，以及对专业的教育家领导校长角色定位，我们更为强调大学校长的伦理优先性与人格示范性，因此我们将这五个维度排序为：教育伦理优先、超凡个人特质、先进教育理念、丰厚的知识素养，以及具有影响力的产出成效为核心的治校能力。

第三节 基于访谈法的专业胜任特征内容探索

根据前文得到的五个维度，本书将采用专家访谈法，基于弹性原则与访谈情境的需求，采用半结构式访谈，虽然已有结构严谨的标准化题目，但预留给研究对象有较大的弹性进行回答，研究者进行访谈时也有较多的访谈程序与用语的自由。换言之，半结构式访谈具备合理的客观性、弹性，并允许受访者充分地反映自己的意见，且能充分地发挥研究者与受访者之间的交互影响，同时具有结构式访谈和非结构式访谈的优点。本书的访谈即采用半结构式访谈，对 21 名专家进行"大学校长专业胜任特征"的认识与观点的访谈，采用内容分析法对访谈文本进行分析整理与总结，通过访谈进行五个维度内容的探索和形成，以期得到专业胜任特征要素。

一　访谈对象选择

如果对于所有的样本，即总体进行研究，那么所得到的结果一定与真值之间具有较小的误差，但是在实际操作过程中，对所有样本进行研究的方法是不现实的，而且也是不经济的，所以就需要对样本进行抽样，对抽样得到的样本进行研究，以代替所有样本值的研究结果，[①] 因而需要科学且可行的抽样方法。一方面，虽然客观条件局限，但我们始终做到以保证访谈样本数量及结构为目的；另一方面，由于研究对象的工作大多十分繁忙，客观上难以保证其有足够的时间和精力配合访谈。因此，考虑到研究对象的特殊性和研究实施的可行性，本书采取方便抽样法，尽量选择能够获取的样本资源和对研究的支持度，但与此同时也最大限度地保证了研究的科学性和权威性。

本书选取了共计21名研究专家作为访谈样本。样本的权威性体现在四个方面：一是专家资历结构。分为三个层次：第一层次为从事大学校长研究，有正高职称、学术经历和学术职务的资深专家；第二层次为从事大学治理实践，不同年龄、不同性别且有三年以上任职资历的中青年校长；第三层次为工作职位方面，有正副大学校长、大学中层管理人员、上级主管部门相关岗位处长。二是专家类型结构。本研究领域学术型专家，主要以丰富的学术积淀、较高学术职务、重要学术成就及较大学术影响力作为选择标准。在研

---

① 张红霞：《教育科学研究方法》，教育科学出版社2009年版，第26页。

究选取的21名专家中，13人有代表性研究成果且具有较大影响力：其中6人有校长任职工作经历，有现任校长4人、曾任校长2人，分别是不同类型不同层次大学具有一定知名度和影响力的校长；另有5人分别是教务、科研、人事、综合办公室等学校主要行政职能部门的处长及重要学院院长，他们同时也是教育管理研究专家；还有3人分别是分管高校的上级组织部门的处长和省级教育行政部门的领导干部。三是大学类型结构。基于研究的普遍性和代表性，访谈对象应来自不同层次类型的大学，样本主要选取曾入选"985"和"211"工程、现入选"双一流"建设的大学、行业单科型大学及应用型本科大学四类，在普通本科大学排名前100名、100名至200名、200名至300名各区间选取一定比例学校为样本。四是地域结构。研究注意从发达与欠发达、部属与省属、综合型与行业单科型大学等不同地域、不同层次和不同类型的大学样本中选取专家，使其尽量具有代表性。如表5-2所示。

表5-2　　　　　　　　　　访谈对象基本情况

序号	单位名称	单位类型	所在地区
F01	清华大学	入选"双一流"中一流大学建设A类、"985"工程大学	北京
F02	浙江大学	入选"双一流"中一流大学建设A类、"985"工程大学	浙江
F03	厦门大学	入选"双一流"中一流大学建设A类、"985"工程大学	福建
F04	华中科技大学	入选"双一流"中一流大学建设A类、"985"工程大学	湖南

续表

序号	单位名称	单位类型	所在地区
F05	中南大学	入选"双一流"中一流大学建设A类、"985"工程大学	湖南
F06	湖南大学	入选"双一流"中一流大学建设B类、"985"工程大学	湖北
F07	苏州大学	入选"双一流"中一流学科建设、"211"工程大学	江苏
F08	华南师范大学	入选"双一流"中一流学科建设、"211"工程大学	广东
F09	湖南师范大学	入选"双一流"中一流学科建设、"211"工程大学	湖南
F10	南昌大学	入选"双一流"中一流学科建设、"211"工程大学	江西
F11	浙江师范大学	行业综合型大学	浙江
F12	河南理工大学	行业综合型大学	河南
F13	江西师范大学	行业综合型大学	江西
F14	赣南师范大学	行业综合型大学	江西
F15	厦门理工大学	行业单科型大学	福建
F16	江西中医药大学	行业单科型大学	江西
F17	铜仁学院	应用型本科大学	贵州
F18	南昌工程学院	应用型本科大学	江西
F19	江西省委组织部	高校干部管理部门	江西
F20	江西省委组织部	高校干部管理部门	江西
F21	江西省教育厅	教育行政部门	江西

二 访谈实施步骤

第一步，访谈前的准备工作。主要包括：对访谈对象基本信息的了解；准备访谈记录表；沟通选择适宜的访谈地点与访谈方式，如条件允许则在访谈对象办公地点进行面谈，如条件限制则通过电话、微信或通信等方式进行。

第二步，正式实施访谈。主要包括：介绍访谈的目的与意义，传达匿名的信息；向受访者询问对于"大学校长专业胜任特征"的看法，主要围绕本书建构的五个维度展开询问与追问；结束访谈，表示感谢。

第三步，分析访谈资料。主要包括：将访谈电话录音转化为文本；对访谈信件文本进行内容分析，挖掘关键信息，获取条目；将所得条目归类整理，进行频次统计分析。

三 访谈结果分析

在访谈资料的整理分析阶段，我们首先对原始的访谈话语运用内容分析法，提取概念，形成条目。内容分析法是对各种材料、记录的内容、形式、心理含义及其重要性进行客观、系统和数量化描述的一种研究方法，通常是先抽取有代表性的资料样本，然后将资料内容分解为一系列分析单元，并按预先制定好的分析类别与维度系统，严格评判记录，最后对结果统计分析。[1]

（一）分析的原则

第一，条目内部相关性。提取的条目既要反映内容结构，同时还应厘清和辨别不同访谈对象在表达同一关键条目时采取的不同表达方式，即注意条目之间的相关性和条目与原始语句之间的对应性。同时，基于胜任特征指标之间具有综合性和交叉性，因此在分

---

[1] 董奇：《心理与教育研究方法》，北京师范大学出版社2004年版，第307页。

析、重组、归类这些胜任特征词项时，应该使其具有代表性，还要对不同胜任特征指标进行相应的描述和指标解释，基于指标解释的重要性，将在本章第三节详细阐述。

第二，条目外部差异性。提炼胜任特征条目时应具有高度概括性，还应把握不同条目之间的区分度。虽然每一个维度的各项胜任特征指标都有相关性，甚至有些胜任特征指标看似"表面相关性"很高，但实际内涵却不尽相同。比如，"育人思想"和"育人思想引领"，前者强调大学校长应熟悉大学教育组织特性，具有对大学育人组织的独立思考，具有育人的深刻认识；后者侧重大学校长应具备塑造育人文化与育人氛围的能力，以此引领办学活动的展开。

(二) 分析的步骤

第一，对访谈文本进行目的性抽样。由于访谈文本篇幅较长，且并非所有内容都是实际可用的，因此我们首先对访谈文本进行了细致的阅读，并进行课题内部小组讨论，根据研究目的和研究的理论预设，抽取符合研究需要和能解决研究问题的语句，以便进行下一步的条目提取。

第二，寻找关键概念条目。通过对访谈文本的目的性抽样，课题组成员背靠背对整理得到的语句进行关键概念的转化与条目提取，并做好相关记录，在此之后进行集中讨论，并征询相关专家的意见，经过反复探讨与修改，在条目对应关系上取得一致意见，整理得到相关条目。根据研究框架，此处仅列出部分条目与原始语句之间的对应关系，如表5-3所示。

表 5-3　　　　　　　　条目提取对应关系（节选）

条目提取	原始语句
全身心投入	F04：现在很多校长既搞管理又搞学术，这样的"双肩挑"就会导致哪头都挑不好 F10：大学校长还是要做全职的，不要这个学会那个企业的到处兼职 F13：现在的院士校长太多了，他们研究是搞得好，但是不一定管理也搞得好，大学校长还是要专门搞管理
热爱教育	F03：应该热爱校长工作，对治理学校有浓厚的兴趣，时刻保持高度的热情和激情 F09：能够在工作中体会对从事教育事业的职业幸福感，对自己的工作有一种崇高的使命感和认同感
包容	F01：大学校长对于不同的声音，要敢于接纳、主动接纳，特别是要宽容对待不同的学术思想，给予不同思想充分表达的机会，才是学术自由的应有之义 F08：作为一个领导者和管理者，要能"容才"，尤其要容纳比自己强的能人，发挥好人才效用，如蔡元培、竺可桢等，他们都能招贤纳士，唯才是举
行业影响力	F07：优秀的校长能够使学校备受同行的认可，有口碑、有广泛影响力 F18：优秀的办学思路和经验获得同行赞誉和借鉴，能起到示范作用，为其他大学所效仿
果敢	F11：大学校长应敢作敢为、有决策的胆识、态度和勇气 F20：时常能敢为天下先、敢于坚持自己的思想和举措、敢于直面挑战和质疑
治校理念清晰	F02：大学校长要能够理解学校工作本质，以及在此基础上形成抽象管理，形成一套思路和做法 F05：大学校长要有清晰的教育理念，比如蔡元培校长、梅贻琦校长，都是有自己独到想法的校长 F10：大学校长对学校的管理不能过于随意，或者完全经验化，要能够总结出来，形成独特的办学思想，并具有"传播"价值和示范意义
获取办学资源	F03：大学校长不外乎"搞钱"和"挖人" F06：大学校长不光要会筹钱，还要会用钱，把钱用在刀刃上 F12：外国的大学经费很多都是靠校长募集来的，我们的校长在这方面还要下功夫，不要光等着政府的拨款，要有危机意识

续表

条目提取	原始语句
协调 大学运行	F07：要学会和政府部门灵活交流，争取学校利益，稳定学校运转 F19：整个大学的事务既多又杂，大学校长要能够协调好师生为主体的利益关系，协调专业、学科发展的冲突，协调教学、科研与社会服务的冲突
洞察 办学形势	F01：把握学校发展机遇，应对变革的挑战，要把握、紧跟乃至引领国际高等教育领域变革新进展 F12：大学校长要紧跟国家政策、抓住政策机遇、搞好学校发展，如我们现在的"双一流"建设，搞好自己的"一流学科"就是一个很好的方向
强化 办学特色	F06：每所大学都要有自己的特色，校长要能够因地制宜，挖掘办学传统，积淀学术底蕴，沉下心来，才能形成若干个有竞争力的学科专业 F09：现在的高校同质化严重，人云亦云，没有自己的特色，大学校长就应该在哪所学校就办哪所学校的事，打出自己的品牌来
热爱学生	F05：大学校长要以学生为中心，真正做到把学生"看在眼里""放在心里" F09：学校就是学生，一切要为了学生，不光是就业，不应该仅仅是专业或技能，还应该注重学生的心灵成长，没有人文教育、没有人格养成，大学就不能称其为大学，大学与培训机构就没有什么区别
尊重教师	F16：大学校长既要能站起来，也要能坐下来，甚至有时候还要蹲下来 F20：要尊重老师和学生，给他们成长成才的机会，给他们发表意见的机会

第三，条目整理和频次分析。采用事先设计好的矩阵表格进行统计，特征条目每出现一次就记录一次，以累加求和得到某一特征条目的总频数。通过对条目的整理和统计后发现，围绕研究目标建构的大学校长胜任特征五大维度，21名访谈对象共产生了319条陈述，整理后的词条频次统计情况详见表5-4。

访谈共产生不同的条目62项，考虑到访谈结果的普遍性和代表性，因此删除频次在 5 以下的条目共计 16 项，剩余有效条目 46 项。然而，词条数目还是较为庞大，且大多数词条的表意指向较为分散，并存在交叉重叠的情况，因此，根据客观性和可操作性原则，可对这些词条进行归纳概括。

表 5 -4　　　　　　大学校长专业胜任特征访谈条目统计

胜任特征	统计频次	胜任特征	统计频次	胜任特征	统计频次
全身心投入	10	民主	6	充满办学活力	5
明确办学目标	9	学术理念	6	管理理论知识	5
治校理念清晰	9	塑造大学声誉	6	谦逊	5
包容	8	制度推进办学	6	社会科学知识	5
办学定位明确	8	拓宽办学视野	6	学术水平	4
赢得师生信赖	8	团队成员追随	6	清正廉洁	3
竭诚进取	8	热爱教育	6	以人为本	3
务实办学	8	热爱学生	6	心系大学	2
信念坚定	8	合作	6	熟悉教育规律	2
育人思想	7	公正	5	领导能力	2
协调大学运行	7	育人文化引领	5	政治素质	2
助力师生发展	7	创新办学思路	5	精力充沛	1
志存高远	7	行业影响力	5	批判性	1
洞察办学形势	7	谋划大学变革	5	善于授权	1
获取办学资源	7	无私奉献	5	哲学思想	1
强化办学特色	7	果敢	5	经营能力	1
创新办学思路	7	管理实践知识	5	体魄康健	1
管理团队建设	7	获得社会认可	5	适应能力	1
责任担当	7	坚韧	5	学术领导能力	1
自信	6	社会服务意识	5	学习能力	1
开放	6	坦诚	5		

例如，全身心投入、竭诚进取、务实办学、责任担当等可归为"教育事业心"范畴；热爱教育、热爱学生、忠于国家等可归为"教育情感"范畴；志存高远、信念坚定、无私奉献等可归为"教育抱负"范畴；果敢、坚韧、坦诚、自信、谦虚等可归为"自我特性"范畴；包容、开放、合作、民主、公正等可归为"人际特质"范畴；育人为本、学术理念、社会服务意识等可归为"教育思想"范畴；办学定位明确和治校理念清晰可归为"办学理念"范畴；管理理论知识和管理实践知识可归为"管理知识"范畴；人文知识和社会科学知识可归为"通识知识"范畴；获取办学资源、塑造大学声誉、协调大学运行、助力师生发展等可归为"人际交往力"范畴；洞察办学形势、明确办学目标、强化办学特色等可归为"战略决策力"范畴；育人文化引领、制度推进办学、管理团队建设、充满办学活力等可归为"办学行动力"范畴；拓宽办学视野、谋划大学变革、创新办学思路等可归为"治校创新力"范畴；赢得师生信赖、团队成员追随、行业影响力等可归为"成效影响力"范畴。

（三）分析的结果

综上所述，可将大学校长专业胜任特征的教育伦理维度划分为教育事业心、教育情感和教育抱负3个二级指标；将个人特质维度划分为自我特性和人际特质2个二级指标；将教育理念维度划分为教育思想和办学理念2个二级指标；将知识素养维度划分为管理知识和通识知识2个二级指标；将治校能力维度划分为人际交往力、战略决策力、办学行动力、治校创新力和成效影响力5个二级指标，详见表5-5。

表 5-5　　　　　　　大学校长专业胜任特征指标体系

一级指标	二级指标	一级指标	二级指标
教育伦理	教育事业心	知识素养	管理知识
	教育情感		通识知识
	教育抱负	治校能力	人际交往力
个人特质	自我特性		战略决策力
	人际特质		办学行动力
教育理念	教育思想		治校创新力
	办学理念		成效影响力

第四节　大学校长专业胜任特征指标解释

在通过理论建构和访谈分析得到大学校长专业胜任特征指标体系后，还需对这些指标进行分类与详细的解释，以明晰相关的分类标准和指标的具体含义。每个指标的解释思路主要来源于研究的理论基础和访谈得到的结果与启示，同时运用了胜任力词典中对于部分相似指标的解释与说明。

一　教育伦理

一个职业群体想要更好地满足社会需要、履行专业责任以及维护专业声誉，必然需要制定自我约束的伦理标准或行为规范。专业伦理是专业团体针对其专业特性研究发展出来的道德价值观与行为规范。大学校长作为教育专业工作者，校长职位作为专业岗位，毫无疑问应遵守教育伦理，我们所强调的教育伦理，是强调校长职位的专业伦理优先性，应把引领学校发展视为全职工作，强调"用整个的心做整个的校长"，强调个人学术事业应研究办学治校。教育家校长不是从天上掉下来的，也不是自动生成的，只能从视教育为使命、以教育为志业的人中产生,只能从亲身的教育实践中产生。换句话说,教育家办学,具体应包括教育事业心、教育抱负与教育情感三方面。

(一) 教育事业心

教育事业心,指的是对于教育事业立志有所作为、有所成就、有所贡献的愿望和决心。大学校长的教育事业心,首先,体现在他的全身心投入。具有教育事业心的大学校长,应该是"身心俱在"的,不是一心二用,更不是三心二意,而是人在心在,在教育事业上,在大学场域中。其次,体现在他的竭尽忠诚。"忠诚"在词典中的解释是指对国家、对事业、对学校、对师生等真心诚意、尽心尽力,没有二心。这里指向大学校长对其从事的教育事业的真心实意、一心一意。北京大学前校长蔡元培之所以是教育家,就是因为他对教育具有一种强烈的使命感,对大学教育有浓厚的兴趣,而且相较于自己的学术成就,更忠诚于学校的整体成就。因此,他不辞辛劳、不畏艰险,将北京大学从一个官场衙门改造成现代大学,并践行思想自由、兼容并包的办学理念,使北京大学成为中国近现代学术中心。南京大学前校长匡亚明之所以是教育家,就是因为他在自己的人生轨迹中放弃个人的政治升迁,念兹在兹,朝思暮想的是大学。耶鲁大学校长雷文在担任校长的十几年时间内,并不刻意关注自己的科研,他没有带过一个研究生,也没有挂名领衔做过一个具体的科研项目,可以说成就他治校影响的是曾出版的唯一专著《大学工作》。再次,还体现在务实办学。"务实"即求真,实事求是。大学是追求真理的最重要领地,是学术说真话和自由说话的圣殿。浙江大学前校长竺可桢,在第18届浙大毕业典礼上他留下了《大学生之责任》的赠言:"现代世界你们得认清三点:知先后;

明公私；辨是非。浙江大学校训是'求是'，我们应该只知是非，不管利害。"① 求真务实，即按人才培养规律育人，致力于潜心发展大学学术事业不浮躁。办学上的务实，要求大学校长摒弃追求数字、排名、评奖上的"务虚"作风和办学治校观，致力于提升办学质量和教育教学质量，增强社会认可度、信任度。最后，体现在他的责任担当。使办学治校卓有成效，这是一种责任，更是一种担当。曾任马萨诸塞州东南大学校长及加州格罗斯芒学院院长的沃克提出了三条建议：作为管理者，记住你的使命，理解你所在的大学，尊重和你一起工作的人。责任担当是教育家校长的事业心的具体表现，指校长能够认识到自己的本职工作的重要性，把实现大学目标当作自己的目标和使命，具有敢于负责、主动负责的态度，敢于担当责任、勇于直面矛盾、善于解决问题、讲求责任意识、具有担当精神。

（二）教育抱负

抱负，是远大的志向与理想。教育抱负的实现首先要有远大的志向。孙中山说过："立志做大事，不要做大官。"这句话激励着中山大学及其他大学的校长不断反思自己究竟要完成一件什么样的大事。大学的特质就是超越平庸、追求卓越，这正是大学校长教育抱负的基础和前提，也是杰出校长和平庸校长的差异所在。南开大学原校长母国光曾撰文说："大学校长要有大的志气，要有创新和争创一流的思想，不能甘居第二、第三或第四，要有争创世界一流的意识，无论是对整个学校来说，还是对某一学科来说，都应该有这个争创一流的意识。"② 其次，要有坚定的教育理想信念。朱永新教

---

① 贺祖斌：《思考大学》，北京大学出版社2015年版，第143页。
② 母国光：《营造创新人才成长的环境》，《求是》2003年第11期。

授说：教育与理想是一对孪生兄弟，教育是培养人的事业，人的理想层次越高，成就也就越大。拥有教育抱负的大学校长，才能够在办学实践的过程中，在教育理想与现实的较量中，坚守理想、坚定信念，取得办学治校的卓越成就。最后，要有无私奉献的精神境界。奉献的是专业的知识，是家人般的爱，是自身的素质与修养，是青春和时间，是为教育事业鞠躬尽瘁，奋斗不止。印第安纳大学校长韦尔斯认为应做一名好的教育者，不管地方的，还是国家的和国际的，总得有人来做集体的工作。对于大学校长事业的理想，使他在任上奉献22年。只有大学校长将校长作为自己的唯一身份，真心热爱这一职业，认真思考教育问题，真心谋划学校发展，才能取得卓越的治理功效，成为具有广泛影响的教育家。

（三）教育情感

爱，是最为浓烈的情感，是教育最高的艺术。教育是爱的事业，教育情感就是对教育事业具有一种崇高无私的爱。不管什么工作，首先要热爱，才能有所成就，才能体会乐趣。热爱教育，才能享受教育事业的快乐；热爱教育，就是有教育情怀，有教育激情，将从事教育事业当作人生的一种享受，始终是出于热爱而工作，而不是出于别的目的。热爱教育事业，更要热爱作为受教育者的学生。热爱学生就要尊重学生、关心学生，始终把学生"看在眼里""放在心里"，关注学生的成长，促进学生的全面发展。对学生的热爱体现在"以学生为中心"的办学理念之中，耶鲁大学前校长斯密特德曾经说过一句话："我非常自豪地对你们说：你们就是大学！"这是在某次开学典礼上的讲话节选，正如耶鲁大学秉承的理念一样，在其整个办学期间，以学生为本，学校为他们的学习生活提供了非常好的条件，成为青年人向往的学府，同时也成就了耶鲁大学。若是往更深层次考虑，大学校长的教育情感不仅体现在对教育事业的热爱，还体现在对国家的一份赤诚。远大的事业抱负，来自崇高的社会责任感，而归根结底，则是对祖国、对民族、对人民的无限忠诚和热爱。①

二 个人特质

个人特质是指人所具有的一些本质的特点、思想、观念等，这些特征不因为外部因素的干扰而发生改变。② 个人特质分为首要特质、中心特质和次要特质，③ 作为胜任特征的个人特质主要指向的是其中心特质，是构成一个人独特性的几个重要的特质，构成其行为倾向的重要因素。按照特质心理学理论，可将大学校长的个人特质分为"自我特性"和"人际特质"两类。

(一) 自我特性

自我特性指的是个人特质中更偏向自我与内在的部分，是仅靠个体自身而无须借助外在条件就能体现出来，为人们所感知到的个人特质。具体而言，大学校长的自我特性包括果敢、坚韧、坦诚、自信和谦逊五方面。

果敢即当机立断、敢作敢为，在面临决策时，有决断、不犹豫；坚韧即具有卓越的意志力、坚持而不放弃的忍受力，迎难而上，绝不退缩，以顽强的意志克服工作中出现的任何困难，能够非常出色地完成工作；坦诚即坦率真诚，其具体表现包括，对学生坦诚、对社会坦诚、对政府坦诚，会将学校自身存在的一些问题、一

---

① 胡国铭：《大学校长与大学发展研究》，华中理工大学出版社2004年版，第80页。
② 郑雪：《人格心理学》，暨南大学出版社2007年版，第111页。
③ 彭聃龄：《普通心理学》，北京师范大学出版社2004年版，第158页。

些困难,不隐瞒地对外公布,透明地面向全社会,并非因为害怕对学校造成影响遮遮掩掩、弄虚造假。[①] 自信是一种相信自己有能力或采用某种有效手段完成某项任务,处理困难情境或解决问题的信念,有自知之明,对自己有准确的定位,不妄自尊大,也不妄自菲薄。谦逊指不自大、不虚夸,是一种谦虚审慎、虚怀若谷的状态,这对于"身居高位"的大学校长来说是一种十分难能可贵的品质。陶森州立大学校长费希尔任职大学校长十年,他强调大学校长的诚实、得体、真诚、自信等特质的根本重要性,他认为这些特质如不能体现在大学校长的行为中,那么再多的治校方略风格也是徒劳。

(二) 人际特质

人际特质,又可称为人际反应特质,是指一个人对待人际关系的基本倾向。在人际特质理论中,修兹将人际特质分为包容的需要、控制的需要和情感的需要三种;荷尼将人际特征分为合作型、竞争型和分离型三种。要与他人建立良好的人际关系,必须具有良好的人际反应特质。

对于大学校长而言,其良好的人际特质体现在包容、开放、合作、民主和公正五个方面。

包容是一种敢于接纳、主动接纳的宽容大度,大学之"大"主要体现在其包容性上,这与校长的包容性是分不开的,在具体工作中,校长要"容人",不仅要容纳和自己意见一致的人,而且要能够容纳和自己意见相左的人,做到求同存异,集思广益;也要"容才",尤其要容纳比自己强的能人,切不可嫉贤妒能;还要"容过",人非圣贤孰能无过,容别人一事之误、一时之过,宽以待

[①] 程斯辉:《中国近代大学校长研究》,人民教育出版社2010年版,第438页。

人。[①] 开放是心理学人格理论"五因素模型"中的一个因素，是指具有想象、审美、情感丰富、求异、创造、智能等特质，[②] 开放的大学校长是开明与解放的，他们的思想是开放的，手法是革新的，他们的行动是非传统的以及有创造性的。合作是个人与个人、群体与群体之间为达到共同目的，彼此相互配合的一种联合行动的方式，作为最能体现人际特质的要素，大学校长自然应当是富有合作性的，与党委书记合作、与领导班子合作、与教职工合作、与其他社会部门合作，这种合作体现在方方面面。校长的民主是治理的需要，是一种"校内民主"，指的是校长应具有民主意识，树立民主作风、弘扬民主精神、实行民主管理、淡化领导权威、平等待人接物，尊重每位师生的基本权利，注重学校师生学术积极性的发挥。公正即公平正直不偏私，大学校长在进行学校的管理与领导的时候，一定要秉公办事，一切从学校的发展进行考虑，为学校谋求进步，不徇私、不滥用职权，做到绝对的公平任职、公平管理。[③] 公正也是教师安心和稳定持续创造性工作的基础。

三 教育理念

关于什么是教育理念以及教育理念对于大学校长治校的作用，在前文我们已经有所探讨，此处不再赘述。强调具备教育理念，是指大学校长应该对已有的教育理论、教育观念有清晰的认识，熟知教育领域的规律，同时，从学校自身的角度出发，

---

① 闫拓时：《当代中国大学校长领导力研究》，高等教育出版社2014年版，第37页。
② 彭聃龄：《普通心理学》，北京师范大学出版社2004年版，第158页。
③ 程斯辉：《中国近代大学校长研究》，人民教育出版社2010年版，第441页。

对学校的发展、学校未来的走势有明确的方向、清醒的规划，更加完美地进行学校的管理，[1] 即治校。具有教育理念是教育家校长所必备的关键素质，具体可分为教育思想和办学理念两方面。

（一）教育思想

苏联著名教育家苏霍姆林斯基说，"校长领导学校，首先是教育思想的领导，其次才是行政上的领导"[2]。教育思想是大学校长在办学实践中形成的思想体系，是其对学校教育现象、教育规律、教育问题的认识和看法，[3] 是对教育活动的理解与认识。毋庸置疑，大学最重要最本质的教育活动是围绕人才培养、科学研究和社会服务等职能展开的，因此，对于大学校长而言，其教育思想也应围绕这三方面展开。首先，大学校长应熟悉大学教育组织特性，具有对大学育人组织的独立思考，具有育人思想；其次，大学校长应熟悉大学学术组织特性，崇尚学术理念、传播学术自由，大学之所以需要学术自由，是因为大学的宗旨就是在追求、传递广阔无边的学术知识，提升卓越学术，[4] 这与大学校长的办学治校成效观不谋而合；最后，大学校长应具有服务社会的意识与理念，不要将眼光局限于学校内部，而是放在更广阔的视野上，致力于将办学治校成果运用于学校之外，造福社会，改变世界。

（二）办学理念

办学理念主要是指治校者对学校工作本质的理解，以及在此基

---

[1] 殷爱苏、周川：《校长与教育家》，福建教育出版社2004年版，第223页。
[2] ［苏］瓦·阿·苏霍姆林斯基：《和青年校长的谈话》，赵玮译，上海教育出版社1983年版，第33页。
[3] 殷爱苏、周川：《校长与教育家》，福建教育出版社2004年版，第43页。
[4] 黄俊杰：《大学校长遴选：理念与实务》，北京大学出版社2006年版，第153页。

础上形成的关于办学的观念，是在校长职位者所必须具有的基本思想。大学校长在办学理念方面的胜任特征主要体现在办学定位明确和治校理念清晰。高校的办学定位，是一所高校从其自身的办学传统、办学现状及所处区位出发，将自身建成一所什么样的大学的目标设定和蓝图设计，是高校做好各项工作的前提和基础，其实质是高校在社会和高等教育体系中找准属于自己的发展空间和相应位置。大学校长要全面了解自己所在的学校，进行科学合理的学校类型定位、发展目标定位、办学层次定位、办学特色定位、服务面向定位和学科发展定位等。治校理念清晰即具有独到的教育理念并能够运用于办学治校的特质与能力。

四　知识素养

在胜任特征冰山模型中，麦克莱兰对知识的定义是：个人在某一特定领域拥有的事实性与经验性信息。我们采取此种定义，将知识分为事实性知识和经验性知识，其中理论知识指的就是事实性知识，而实践知识则属于经验性知识。知识素养就是指个体应具有的知识储备和修养，包括专业知识和一般知识。因此，校长职位作为专业岗位，应经过专门训练或具备管理实践经验，具备教育管理专业知识，并具有相应的辅助专业知识发挥效用的通识知识。

（一）管理知识

专业岗位的校长所需的专业知识便是管理知识，应具备管理理论知识和管理实践知识。管理理论知识就是从书本中、文献中和他人经验介绍中获取的概括性较强、抽象度较高的管理知识，如关于大学的教育哲学、管理学、领导学、组织行为学、经济学及公共关系学等的基本原理、基本规律和技术方法。而管理实践知识则是校长本人在办学治校的实践过程中积累的经验性知识，这种知识无法通过看书获得，只能来源于教育管理实践之中，经验通过抽象和升华成为实践知识。

（二）通识知识

除管理专业知识之外，通识知识也是必不可少的。教育的最终目标不仅是教课，还要培养人，培养人本身就是一门综合的学问，涉及自然、社会、人生的所有方面。[①] 除此之外，校长知识面的扩充也是提高校长在学生心目中威信的重要途径。当知识的综合性较强时，无疑有益于拓宽校长的办学思路、有益于增强决策的科学性、有益于与各不相同学科的师生交流和切磋，较宽的知识面为校长拓宽教育事业提供了直接的基础。[②] 大学校长应具备的通识知识主要包括人文知识、自然科学知识和社会科学知识。

人文知识包括文、史、哲以及由它所衍生出来的其他学科，如美学、艺术学等。《辞海》对于"人文"这个词的定义是："人类社会的各种文化现象。"人文是组成人类文化的关键部分，代表着文化的前进与发展趋势，所谓人文，最重要的特点就是以人为本，关注的是有关于"人"的部分。科学精神的体现，主要在自然科学知识，而与之相对应的人文精神，则主要体现在人文知识上面。对于一名专业胜任的大学校长，必须坚持以人为本，关注人的本质特征，必须具有丰富的人文知识，并有将这种知识转变为一种人文关怀的能力，对人之价值的尊重、对人之生命的敬畏、对人之尊严的珍视，对学校管理自然地表现出崇高的人文精神，[③] 并以此建构大

[①] 殷爱荪、周川：《校长与教育家》，福建教育出版社2004年版，第287页。
[②] 张楚廷：《学校管理学》，湖南师范大学出版社2000年版，第300页。
[③] 程斯辉：《近代著名大学校长的精神风骨》，《中国教育报》2009年3月15日第4版。

学精神，从而达到对人、对社会有更加深入、更加全面、更加真切的认识与定位的目的。社会科学的研究对象主要是社会现象这个抽象的整体，因为这个整体的广阔性，所以很多学科都是组成社会科学的成分，如我们常见的法学、政治学、宗教学、经济学等。如果说人文知识更偏向于提高校长整体的素养，那么社会科学知识则是更偏向指导实践，二者相辅相成，缺一不可。

五 治校能力

能力是指完成一项目标或者任务所体现出来的素质，是顺利完成某一活动所必需的主观条件。校长的治校能力，主要是指校长有效办学治校的必备的一种个性心理特征和实际技能。科尔指出治校主要是两件事，一是协调，二是发展，治校能力中的人际交往力，对应学校协调稳定维度，需要协调教学、科研与社会服务之间、学科之间、学术与行政之间、战略目标与具体目标之间、学校自主与外部约束之间等冲突与矛盾，维护学校和谐发展秩序，是学校发展的基础；战略决策力、办学行动力、治校创新力和成效影响力则对应治校发展维度，主要指取得成效，是学校进步的标志。

（一）人际交往力

一般意义上的人际交往能力，是指妥善处理组织内外关系的能力，包括人际感受能力、人事记忆力、人际理解力、人际想象力、合作与协调能力等。对于校长治校而言，其人际交往力主要体现在处理校内关系与校外关系两方面：校外人际交往力包括获取办学资源和塑造大学声誉；校内人际交往力包括协调大学运行和助力师生发展，成为资源冲突化解、利益相关者尊重、学校声誉维护与扩展的基础。

办学资源一般包括学科资源、科研资源、师资资源、实验资源、基础设施资源、资金资源等，涉及人力、财力、物力等各方面。对于大学发展命脉的办学资源，大学校长需要发挥个人优秀的人际交往力，获取、整合资源，并进行科学合理的配置。其中首要获取的资源是学术人才。洛厄尔认为，一位成功的大学校长首要和几乎唯一不可缺少的品质是，引进一流教师的能力，他的基本原则是"小心任命尚可者"，他担心的不仅是无能而且更是平庸。

大学声誉来源于外界对大学的评价，塑造大学声誉一般包括对教学声誉、学术声誉、研究声誉、雇主满意度、教师声誉、学生声誉、管理与环境声誉、品牌与文化声誉等多方面的综合塑造。2015年4月，美国高等教育营销机构发布了《高等教育品牌策略情况》调查，调查显示3/4的高校参与过品牌塑造活动，密歇根大学在品牌策略中写道："品牌塑造是我们学校使命的延伸，它能够反映出学术卓越、核心价值和构成我们学校文化遗产基础的领导力和奉献精神。"大学组织无疑是一个开放、动态的系统，美国学者维克提出了松散结合系统理论，他认为学校组织成员之间相互联系却又彼此保持独立，[①] 系统的运行不能光靠其自发性，特别是作为教育组织，大学的运行需要合理的规划与协调，这便需要校长的能力发挥。宏观系统映射到微观，便是大学中的教师与学生，他们是校长校内人际交往的重要对象。哈佛大学第23任校长科南特在总结办学思想时说："大学的荣誉，不在于它的校舍和人数，而在于它一代又一代人的质量。"因此，大学校长内在地具有助力师生发展的职责与使命。

---

① ［美］罗伯特·伯恩鲍姆：《大学运行模式：大学组织与领导的控制系统》，别敦荣主译，中国海洋大学出版社2003年版，第2页。

(二) 战略决策力

战略决策力指在面对大学发展方向、发展布局问题时，应根据学校发展传统和历史积淀，基于现实发展问题与困境，着眼于未来发展需要和机遇，有国际视野，敏锐觉察到国际国内高等教育发展前沿，有把握现状、预测未来的战略思维和眼光，从而找寻战略发展空间，积淀"人无我有""人有我优"的办学优势和特色，提升学校学术地位及综合影响力。战略决策解决全局性、长远性、战略性、现实性的重大顶层设计问题，关系到组织的生存与发展，是组织成败的关键。因此，大学校长的决策不是指日常行政事务决策，而是指宏观层面组织战略层级的决策，概括为洞察办学形势、明确办学目标、形成战略发展规划和强化办学特色等方面。大学校长是大学传统的坚定守护者，也是大学未来的勇敢开拓者，校长对时代的敏锐觉察用来处理大学与未来的关系，对传统的尊重用来处理大学与过去的关系，大学发展哲学中的传承维度，由大学传统与"保守"决定。特色来源于对传统的守护与创新，在都柏林大学圣三一学院，表现突出的学生将有机会穿着传统的黑袍，在当代的餐桌上和教授们一起进行"餐桌"上的交流。[①] 这项传统已在该校保留了四百多年，毫无疑问，传统的维护与传承已然成为这所学校的文化现象与特征。

(三) 办学行动力

行动力强调的是实际推动执行的能力，也称"执行力"。办学行动力即指校长对于办学不仅停留在理念构想层面，而且具有付诸行动的实践，是一种能够获得实际办学成效的行为能力。目标是理

---

① 黄达人等：《大学的治理》，商务印书馆2013年版，第69页。

想与理念建构，落到实处会充满环境变数，具有动态性，所以行动力是为实现大学决策目标而展开的动态行动过程。美国学者艾利森认为，在达到目标的过程中，决策设计只占10%，其余90%在于有效执行。办学行动力首先体现在用育人文化引领办学。大学作为育人组织，人才培养是首要使命，办学主要围绕育人活动展开，校长应具备塑造育人文化与育人氛围的能力，以此引领办学活动。其次体现在用制度建设和团队建设推进办学。管理主体和管理手段是管理的必备要素，学校管理始终离不开作为管理主体的"人"和作为管理手段的"制度"。因此，大学校长要有建设管理制度和建设管理团队的能力。摩根在解决华尔街危机的时候，所采取的办法是：在一个房间内放入几个智商较高的人，并给他们一个需要进行解答的问题，他们会针对这个问题各抒己见，甚至会争论起来，当然最终的结果一定不会是单一的，而是多样性的、多元化的。同样，召集聪明的头脑并让其发挥活力来破解难题，这也是优秀大学校长应具有的团队建设能力。最后探索内部治理"自下而上"，敢于放权善于放权，才能始终充满办学活力。行动力就其本质来讲就是一种主动性和推动力的结合，是一种办学自信与自主的探索与坚持，大学这一复杂巨型组织需要推动目标管理、校院二级管理、人力资源管理、制度激励和方向监控等，面对复杂多变的大学组织运行模式，校长能否激活各种功能要素，也是其办学行动力的重要考量部分。

（四）治校创新力

创新是时代的主题，也是大学生存与发展的根本出路。一方面，大学外部环境与形势日新月异，挑战与机会并存，从教育资源来看，资源永远存在有限性且并非源源不断，为了解决资源与需求之间的平衡，大学就需要根据自身特点寻求新的发展方向，完成其自身的变革；[①]另一方面，教育对象的特点也决定了教育工作是一种创造性的劳动，而大学校长正是在较高的水平上卓有成效地从事创造性劳动的人。具有治校创新力的大学校长能够拓宽办学视野，接受新思想、新观念，博采众长，并能以国际化的视野办学治校。根据著作《麻省理工学院如何追求卓越》的相关记载，我们可以看到维斯特在任职麻省理工大学校长期间，更多的是放眼整个国家甚至整个世界的范围内，而并非学校本身所面临的一些问题。科尔认为，大学校长的工作除了协调资源，其根本就是发展。我们的大学校长也应该有宏观办学视野、国际办学视野。具有治校创新力的大学校长能够创新办学思路，或是在办学思想上提出新理念，或是在治校方略上拓展新路径、新举措，使他们的办学治校与前任相比有明显不同，呈现出新气象和新特色。具有治校创新力的大学校长能够抓住发展机遇、谋划大学变革、更新管理方法和手段、调整学校运行机制、优化资源配置、改进教育教学，推进学校进步。

（五）成效影响力

影响力是用一种别人所乐于接受的方式，改变他人的思想和行动的能力。周川认为：教育家的劳动特点之一就是"高度的示范性"，因此教育家校长的治校能力不仅体现在促进学校发展上，还体现在对外界的影响与示范上。一方面，他们能够赢得师生的信赖，获得团队成员的追随，教师和学生都视他为学校的灵魂人物；所构建的大学发展蓝图，为大学成员所接受并为之奋斗；青年才俊和有声望的学者都被他的个人魅力所吸引而纷至沓来。另一方面，

[①] 殷爱苏、周川：《校长与教育家》，福建教育出版社2004年版，第54页。

他们还具有行业影响力，通过媒体、讲座、报告及著书立说等各种途径，传播治校思想、经验；分享办学历史、宝贵经历等，从而能够获得社会广泛认可和称赞，为大学和中小学乃至整个教育工作提供示范作用。历史上有治校影响力的中外知名大学校长可信手列举，北京大学校长蔡元培、清华大学校长梅贻琦、南开大学校长张伯苓等之所以贡献巨大，并不在于他们是不是所谓的专家，而在于他们都是以自己的教育思想和不懈努力深刻影响近现代中国教育的教育家。

第六章

基于专业胜任特征的大学校长遴选

基于专业胜任特征的教育家校长,应有相应的遴选标准及校长专业化的薪酬、培训、退出等制度,才具备成就教育家校长的条件。

第一节 大学校长遴选标准

"胜任特征"定义了某任务或活动的"成功"绩效,因此大学校长的胜任特征是指校长的治理工作优秀,成绩卓越,取得办学治校成功的岗位要求,而非职业岗位"合格"维度。基于专业胜任特征的大学校长"优秀"维度,需要将校长遴选条件中的"资格"与"优秀"区分,明晰校长遴选的资格条件,并深入探究专业胜任特征的"优秀"遴选标准。

一 中外大学校长遴选资格共性特征

中外大学校长遴选实践经验表明,校长遴选资格遵循大学教育组织和学术组织的基本要求,具有一般共性特征。梳理发现，世界各国现行的遴选资格具有普遍性和制度化的共性特征。

(一) 大学校长教育背景要求

从世界一流大学校长遴选的资格条件来看，一般都考量教育背景，讲究出身要好；工作经历也非常重要，讲究从业经历要好，或曾任职校长的经历，或任职重要岗位的经历，或曾任本校重要教授的经历等；讲究任职年龄"年富力强"。以中美卓越公立大学校长的遴选资格条件为例，皆具有"三好"特点。另外，校长任职实践中虽以男性为绝大多数，但资格条件中并不局限性别，在某种情况下，女性任校长还具有一定优势。

以《美国新闻与世界报道》的世界大学排行榜为例，2016年美国公立大学排名前15所的大学是加州大学—伯克利分校、加州大学—洛杉矶分校、弗吉尼亚大学、密歇根大学—安娜堡分校、北卡罗来纳大学、威廉与玛丽学院、佐治亚理工学院、加州大学—圣塔芭芭拉分校、加州大学—欧文分校、加州大学—圣地亚哥分校、加州大学—戴维斯分校、伊利诺伊大学厄巴纳—香槟分校、威斯康星大学—麦迪逊分校、宾夕法尼亚州立大学、佛罗里达大学。美国排名前15所公立大学校长的教育背景具有普遍高学历特点，详见表6-1。2016年中国公立大学排名前15所的是北京大学、清华大学、复旦大学、浙江大学、上海交通大学、中国科学技术大学、南京大学、中山大学、武汉大学、华中科技大学、北京师范大学、中国人民大学、南开大学、哈尔滨工业大学、西安交通大学。这15所大学校长同样具有普遍高学历特点，详见表6-2。

表6-1　　2016年美国排名前15所公立大学校长的教育背景

学校名称	校长姓名	任职时间	教育背景
加州大学—伯克利分校	Nicholas B. Dirks	2013年至今	卫斯里大学文学学士；历史学硕士；芝加哥大学哲学博士，历史学
加州大学—洛杉矶分校	Gene D. Block	2007年至今	斯坦福大学文学硕士，哲学；俄勒冈州大学理科硕士，哲学；俄勒冈州大学哲学博士，哲学
弗吉尼亚大学	Teresa A. Sullivan（女）	2010年至今	密歇根大学文学硕士；芝加哥大学哲学博士
密歇根大学—安娜堡分校	Susan E. Borrego（女）	2014年至今	西北拿撒勒大学文学学士；阿苏萨太平洋大学文科硕士，社会学；克雷蒙研究所哲学博士，教育学
北卡罗来纳大学	Carol L. Folt（女）	2013年至今	加州大学—圣塔芭芭拉分校生物学学士；加州大学—圣塔芭芭拉分校生物学硕士；加州大学—戴维斯分校生态学博士
威廉与玛丽学院	W. Taylor Reveley	2008年至今	普林斯顿大学文学硕士；弗吉尼亚大学法律博士
佐治亚理工学院	G. P. Bud Peterson	2009年至今	堪萨斯州立大学理学学士，工程学；堪萨斯州立大学理学学士，数学/工程学、机械工程学；德州农工大学理学博士

续表

学校名称	校长姓名	任职时间	教育背景
加州大学—圣塔芭芭拉分校	Henry T. Yang（杨祖佑）	1994年至今	台湾"国立大学"理学学士，土木工程；西弗吉尼亚大学理学学士，建造工程；康奈尔大学哲学博士，哲学
加州大学—欧文分校	Howard Gillman	2014年至今	加州大学洛杉矶分校文学学士，政治学；加州大学洛杉矶分校文学硕士，政治学；加州大学洛杉矶分校哲学博士，政治学
加州大学—圣地亚哥分校	Pradeep K. Khosla	2012年至今	印度理工学院学士；卡内基梅隆大学硕士、博士；理学
加州大学—戴维斯分校	Linda P. B. Katehi（女）	2009年至今	雅典国家技术大学理学学士，电气工程；加州大学洛杉矶分校理学硕士，电气工程；加州大学洛杉矶分校理学博士，电气工程
伊利诺伊大学厄巴纳—香槟分校	Barbara Wilson（女）	2015年至今	威斯康星大学—麦迪逊分校学士，新闻学；威斯康星大学—麦迪逊分校硕士，新闻学；威斯康星大学—麦迪逊分校博士，沟通艺术学
威斯康星大学—麦迪逊分校	Rebecca M. Blank	2013年至今	明尼苏达州立大学学士，经济学；麻省理工学院博士，经济学

续表

学校名称	校长姓名	任职时间	教育背景
宾夕法尼亚州立大学	Dr. Eric J. Barron	2014年至今	佛罗里达大学学士，地质学；迈阿密大学硕士，海洋学；迈阿密大学博士，海洋学
佛罗里达大学	W. Kent Fuchs	2015年至今	伊利诺伊大学理学学士，工程学；三一福音神学院神学硕士/理学硕士；伊利诺伊大学理学博士，电气工程

表6-2　2016年中国排名前15所公立大学校长的教育背景

学校名称	校长姓名	任职时间	教育背景
北京大学	林建华	2015年至今	理学学士，化学，北京大学 理学博士，化学，北京大学
清华大学	邱勇	2015年至今	学士，化学，清华大学 博士，化学，清华大学
复旦大学	许宁生	2014年至今	学士，物理，中山大学 博士，物理，英国阿斯顿大学
浙江大学	吴朝晖	2015年至今	学士，计算机应用，浙江大学 硕士，计算机应用，浙江大学 博士，计算机应用，浙江大学
上海交通大学	张杰	2006年至今	学士，半导体物理，内蒙古大学 硕士，固体物理，内蒙古大学 博士，光物理，中国科学院
中国科学技术大学	万立骏	2015年至今	工学学士，大连理工大学 工学硕士，大连理工大学 工学博士，日本东北大学

续表

学校名称	校长姓名	任职时间	教育背景
南京大学	陈骏	2006年至今	学士，化学，南京大学 博士，南京大学 博士，英国南安普顿大学/英国约克大学
中山大学	罗俊	2015年至今	理学学士，中山大学 理学硕士，中山大学 理学博士，中山大学
武汉大学	李晓红	2010年至今	工学博士，重庆大学、加州大学伯克利分校联合培养
华中科技大学	丁烈云	2014年至今	学士，武汉理工大学 硕士，管理工程，武汉理工大学 博士，管理科学与工程，同济大学
北京师范大学	董奇	2012年至今	心理学学士，北京师范大学 心理学硕士，北京师范大学 心理学博士，北京师范大学
中国人民大学	刘伟	2015年至今	经济学学士，北京大学 经济学硕士，北京大学 经济学博士，北京大学
南开大学	龚克	2014年至今	工学学士，北京理工大学 工学博士，奥地利格拉茨技术大学
哈尔滨工业大学	周玉	2014年至今	工学学士，哈尔滨工业大学 工学硕士，哈尔滨工业大学 工学博士，哈尔滨工业大学
西安交通大学	王树国	2014年至今	工学博士，哈尔滨工业大学

资料来源：依据各大学官方网站公开资料整理。

表6-1和表6-2中，就学历水平而言，美中大学校长都拥有博士学位，有占33.3%的中国大学校长获得世界知名大学博士学位，他们或者通过访问学者进行深造，或者利用通过与世界一流高校联合培养机会提高学术水平。中国大学校长选拔实践一直坚持优良的教育背景条件，在这个问题上，中国大学校长的遴选资格"国际化"及"先进性"的设计与美国卓越大学并无二致，只是美国大学校长的教育背景从学士到博士"学缘"结构更加多元化一些。

就学科背景而言，美国大学校长呈现多元化的学科背景，其中涉及文学、哲学、生物学、理学、新闻学、经济学、工程学、地质学等，且相当一部分校长的学士、硕士、博士三级学位是跨专业的。由于中国高校办学模式受苏联的影响较大，创办了较多的理工院校，历史遗留问题、重理轻文传统观念以及经济科技发展的需要，多年来中国大学校长的选拔注重理工科背景，从研究选取的中国排名前15所著名大学可知，除北京师范大学和中国人民大学，其他大学校长都是理工科背景，相比之下，人文学科背景的校长比例微不足道。

就校长曾就读大学与现任职大学之间的关系而言，中国大学校长曾就读学校与现任职学校相同的"本土化"比例较高，大多数校长毕业于任职学校，且本硕博学历学位多数是在现任职学校获得的，相比之下，美国大学校长"本土化"比例较低，且本硕博在同所学校完成的同一"学缘"占比较低。中国大学校长遴选条件中的"近亲繁殖"现象对治校工作有利也有弊。有利之处是校长对所在学校的传统和文化比较了解，能缩短适应期，尽快地进入角色；对学术地位较高的大学，师生认同度高，不利之处在于容易形成"熟人圈"，正如鲍德里奇在《大学中的权力和冲突》中所指出的政治模式现象，由于影响力和非正式的过程常常会左右政策的形成，政策产生于利益集团和价值冲突，它们体现在"人"之中而非"治理结构"即制度中，往往会消弭治理结构理性。工作和求学都在同一所大学，视野也易变得狭隘，思维易趋于定式。受教育背景条件的差异需要在遴选条件要素中加以关注。

从以上分析可得出，近年来校长受教育背景资格要素在表6-1与表6-2中并无显著差异，既是中国大学追随世界一流大学的潮流，也是中国长期坚持选拔学者型校长的实践做法，尊重学术组织的学术属性，要求高学历背景成为遴选的普遍要求。

(二) 大学校长任职经历要求

大学校长任职经历是遴选资格条件中的另一个重要因素。美国和中国排名前15所公立大学校长任职经历详见表6-3。从校长曾任职经历和曾任职岗位来看，美国大学校长和中国大学校长的任职背景大多来自大学系统，且一般长期在大学系统工作，其中美国公立大学校长占93.3%，只有6.7%的校长来自其他组织；曾任副校长的占66.6%，曾任多校校长的占26.6%。有占13.3%的中国大学校长来自行政部门的高级官员。这种现象表明大学作为一个专业组织，需要相应的从业经验；校长作为一个专业性岗位，有专门的任职要求，对承担和胜任有相应的"高等"学术背景和"高级"职位要求。

表6-3　中美各排名前15所公立大学校长任职经历构成

		中国公立大学	美国公立大学
任职经历	大学组织	13人（86.6%）	14人（93.3%）
	政府、企业、商业组织等	2人（13.3%）	1人（6.7%）
历任岗位	校长	6人（40%）	4人（26.6%）
	副校长	7人（46.6%）	10人（66.6%）
	各种组织高级官员	2人（13.3%）	1人（6.6%）
职业流动	曾任职与现任职单位一致	5人（33.3%）	2人（13.3%）
	曾任职与现任职单位不一致	10人（66.6%）	13人（86.6%）

从校长职业流动来看，美国排名前15所公立大学中，高达86.6%的校长曾任职大学与现任职大学不一致，曾在多所大学担任各种职位，有比较丰富的工作经历，涉及的领域与担任的职务都更加多元化，职业流动具有普遍性。中国排名前15所公立大学校长曾任职与现任职单位一致的占33.3%，职业流动存在"近亲"现象，但与世界一流大学职业流动差异逐步缩小。差异最大的是中国大学校长任职现状方面。从中国大学校长任职考核中发现，大学校长任期中担任学会或其他组织兼职、直接从事所属专业学科学术研究、承担重大项目和带研究生是普遍现象；有各种学术头衔如长江学者、院士、某一专业领域的知名专家等。学术地位和学术影响是对校长学术造诣的肯定，但大学校长还在承担教学和学术研究任务及兼任各种专业职务，学术工作会占据校长相当的时间和精力，难以全心全意地进行学校事务管理。相比之下，美国大学校长任期内会有明确规定，作为校长的工作义务和要求，必须放弃学术研究。科尔和盖德1986年的调查表明，在全美校长中，大约只有20%的校长还在参与各种学术活动，只有不足2%的大学校长能在各个领

域发挥作用，显示出极个别现象。校长的时间和精力都须用在学校治理中是校长伦理的普遍要求。①

（三）大学校长遴选中的性别结构

为了使数据更具有说服力，本书选用大样本即居世界前70所大学的任职校长的性别分析，详见表6-4。

表6-4　　　　　　　　中外大学校长遴选中性别结构

性别	中国教育部直属75所公立大学校长	世界前70所大学校长
男	99%	84%
女	1%	16%

资料来源：任臻：《世界前70所大学校长遴选标准与程序研究》，硕士学位论文，山东财经大学，2013年。

通过数据分析可以发现，男性校长占绝对优势，中国教育部直属75所样本大学的校长中，只有1名是女校长，占1.33%，世界前70所样本大学共117位校长中，有16名女校长，占16%。男性任校长具有普遍性，但美国大学女性任校长不再是个别现象，美国私立大学之最的哈佛大学上一任校长就是女性，这说明校长任职并不受性别限制。

（四）大学校长任职年龄段

通过对中国教育部直属75所大学及世界前70所大学的任职校长的年龄段分析发现，中国校长年龄多集中在50—64岁，比例约为78.5%，世界前70所大学的校长任职年龄呈阶梯状增长，65岁以上的所占比例最大，为36.53%，50岁以下的只占1.89%。中外

---

① 阎凤桥：《对英美大学校长管理体制的比较》，《比较教育研究》1995年第4期。

大学50岁以下的任职校长比例普遍偏低。任职年龄具有资历和背景积淀的普遍性,见表6-5。

表6-5　　　　　　　　中外大学校长任职年龄段

年龄	中国75所大学校长	世界前70所大学校长
45—49岁	7%	1.89%
50—54岁	22.5%	9.43%
55—59岁	32%	18.87%
60—64岁	24%	32.08%
65岁及以上	14.5%	36.53%

资料来源:任臻:《世界前70所大学校长遴选标准与程序研究》,硕士学位论文,山东财经大学,2013年。

中外大学校长任职年龄也存在差异。世界前70所大学校长任职年龄中,年龄多集中在60岁及以上,占68.61%,其中占比最大的年龄段是65岁及以上,占36.53%,可以说只要身体健康,任职不受年龄限制。中国大学校长任职年限受到领导干部年龄条件的限制,按选拔干部"注重培养选拔优秀年轻干部,注重使用后备干部,用好各年龄段"的原则,在50—64岁"年富力强"的校长比例接近80%,硬性任职年龄规定导致校长任期不满三年的现象也不时存在。

二　教育家大学校长遴选标准

在大学校长遴选资格条件框架下,还需要设置胜任"优秀"而不仅"合格"的遴选条件,有益于尽可能选拔出理想的校长。"优秀"遴选标准设置依据有以下三个方面。

(一) 遴选标准设置依据

一般而言,根据大学组织特性,具备专业胜任的大学校长遴选标准通常考虑以下几个影响要素。

1. 大学作为教育组织和学术组织决定了校长遴选标准的依据

大学作为传授知识、培养人才的基本单位,要求大学校长除了要具备较高学术水平、深厚学识学养、精于大学管理之外,还应深谙教育规律,具有清晰的办学理念、高尚的道德情操和人格魅力。中国大学校长还要求符合社会主义政治家标准,《高等学校领导人员管理暂行办法》规定"具有较高思想政治素质和政策理论水平,善于从政治上看问题、把方向,有坚定的政治立场、崇高的理想信念、服务国家和人民的价值追求"。2012年发布的公开选拔大学校长报名条件中,具有民族国家发展高等教育的政治论取向,详见表6-6。

表6-6　　　　　2012年教育部公开选拔大学校长报名条件

公告内容	标准方向
全面贯彻党的教育方针,坚持社会主义办学方向,积极拥护并能够认真贯彻执行党委领导下的校长负责制	政治素养
熟悉高等教育规律和高校教学、科研工作,熟悉高水平大学和相关行业领域教育办学规律与特点	教育理念
有较强的行政管理能力和丰富的办学治校经验	治校能力
有较高的学术水平,具有博士学位和正高级专业技术职务	学术背景
任职后能全身心投入学校管理工作	教育伦理

2. 大学功能和校长职责对大学校长的专业胜任提出了要求

现代大学兼具人才培养、科学研究和服务社会的职能。以澳大利亚校长遴选标准为例,澳大利亚校长选拔标准详见表6-7。

表6-7　　　　　　　　　澳大利亚校长选拔标准

1. 选聘者是否充分理解下列相关职责
（a）学校价值与学术环境
（b）大学的远景与未来方向
（c）大学规章尤其是学校目标与重点发展领域
（d）资源开发与应用
（e）人事选考、评价和专业发展
（f）组织结构和团队职能
（g）协助政策开发和学校审议会

2. 选聘者是否具有下列相关能力和行动力
（a）预见未来：共享愿景、灵活性、创造性
（b）教育领导：广泛的教育指导、切实的教育信念
（c）组织领导：广阔视野、担当分析者、制订计划者和决策者、交涉者和矛盾解决者
（d）个人资质：激励他人的能力、交流联络水平、人情、正直、反思、执着

资料来源：陈国文：《澳大利亚校长选拔制度》,《教书育人：校长参考》2006年第6期。

密歇根大学对校长胜任要求最主要的六个要素是：(1) 能够与教授代表进行交流、沟通与合作,并鼓励主要行政管理人员也应如此；(2) 在制定决策时应进行透明化操作,除非由于特殊原因需要保密的方面；(3) 应给予教授决定课程和其他教学工作的权利；(4) 应鼓励教授代表参与重大问题决策,并对他们的观点予以重视；(5) 应鼓励教授参与大学的管理并将此作为自己的一项职责；(6) 应该赋予教授代表对学校其他主要领导者的选举权利等。可见其主要强调内部治理过程中如何处理行政与学术的权力关系、教授

如何参与内部治理；如何开展交流、沟通与合作以及如何把握决策的能力。

3. 大学办学传统和文化积淀决定了大学校长个性特质的遴选要求

大学是遗传和环境的产物，高等教育与社会发展呈现越来越紧密的趋势，发展性和多元化特征在高等教育体系中也日益突出，欧美大学通行做法，一般都基于大学自主的精神，校长遴选办法由各校董事会制定，在不同的发展阶段对校长能力素质的要求也不同；每所大学都是一个独特的生命体，都有其独特的文化和学术传统，在大学发展的特定阶段有其特定的目标和任务，因此，在校长的遴选方面也要重视大学自身的特质，做到因校而异，力求使校长的胜任能力与办学治校职位要求相匹配。公立大学在发展策略部分则提出要推动大学自行定位并给予其合理的发展弹性，并要求学校基于自我管理的精神，要衡量学校资源基础及其他条件，确定办学目标与拟发挥的功能，因此大学分类区隔指标应自行定位所属类型。这就要求大学校长候选人必须了解大学的创设宗旨、任务目标和发展方向，在法规框架下以章程为依据，根据各校特色制定遴选办法。办法中的核心是遴选条件的确定，包括候选人的教育理念、对该校的了解及对该校的发展有何见解等。遴选标准更为具体契合，使大学校长在具备基本条件之上，还具有个性品格和领导风格，因而大学得以呈现自我色彩。

(二) 量化专业胜任特征，制定校长遴选标准

近年来，中国大学校长公开选拔试点中已经规定了选拔标准，从2002年起，教育部开始在一些部属大学实行副校长职务公开选拔。此后，教育部党组不断加大正职选拔力度。2011年，首次面向海内外公开选拔两所直属大学校长。2012年，教育部在校长任用制度上寻求"破冰"，进行直属大学校长公开选拔改革试点，分两批

在全国公开选拔东北师范大学、西南财经大学、北京科技大学、北京中医药大学、中国药科大学五所大学校长。公开选拔条件只在公告中提到，可见表6-6。

选拔标准主要集中在对候选人政治素养、教育理念、治校能力、学术背景和全身心投入工作之专业伦理等方面的考量。从整体框架来看，对大学校长人格特质没有提出要求，且过于看重学术水平和技术职称；在治校能力方面，仅强调行政管理能力，忽视了对其人际交往能力、创新能力、成效影响力等新型能力的要求；对行政管理能力的要求缺少针对教育组织的管理特点进行标准的设定；在教育伦理方面，强调校长的全身心投入固然值得肯定，但在实践层面并未有相应的约束性，也忽视了对校长的事业心、责任心、情感与抱负等方面的考量。

从形式上看，数次试点只是在报名条件中涉及了一些关于遴选资格和遴选条件的说明，以文字的形式逐条罗列，并没有在严格意义上对遴选标准进行明确、分类和量化。因此，不仅会导致遴选标准难以被完全理解和落实，还会使遴选委员会难以按这些标准操作，无法对候选人在各项标准上的得分高低进行区分，凭主观印象选拔的现象一直存在，此其一；其二，中国大学校长选拔标准基本没有跳出官员选拔范畴，导致校长治校价值往往追求副厅级、厅级乃至副部级的"仕途晋升"。若大学校长的遴选标准继续按照干部选拔条件，将很难遴选出教育管理能力卓著的专业胜任的专家型校长，官员仕途取向往往容易限制和削弱大学校长的教育领导力和创造力，也导致大学缺乏相对独立自主的发展空间。遴选优秀的大学校长，应确定大学校长教育家的专业角色，围绕"5D"大学校长的专业胜任特征，即教育伦理、个人特质、教育理念、知识素养和治校能力，建构更为精确的指标体系，制定适宜的大学校长遴选标准。本书在上一章的大学校长专业胜任的二级模型基础上，依据对14个二级指标的阐释和理解，可得出大学校长专业胜任特征的三级模型，详见表6-8。

表6-8 大学校长专业胜任特征指标

一级指标	二级指标	三级指标
教育伦理	教育事业心	全身心投入、务实办学、清正廉洁、勇担责任
	教育抱负	志存高远、信念坚定、甘于奉献
	教育情感	志业教育、热爱学生、尊重教师、忠于国家
个人特质	自我特性	果敢、坚韧、坦诚、自信、谦逊
	人际特质	包容、开放、合作、民主、公正、和谐
教育理念	教育思想	育人为本、学术自由、服务社会
	办学理念	办学定位明确、治校理念清晰
知识素养	管理知识	管理理论知识丰厚、管理实践知识丰富
	通识知识	人文知识广博、社会科学知识通达、自然科学知识求新
治校能力	人际交往力	获取办学资源、塑造大学声誉、协调大学运行、赢得师生信赖
	战略决策力	洞察办学形势、规划发展愿景、强化办学特色
	办学行动力	育人文化引领、依法依规办学、凝聚发展共识、充满办学活力
	治校创新力	具有国际视野、谋划大学变革、创新办学思路
	成效影响力	助力师生发展、团队成员追随、办学实力增强、具同行影响力、获得社会认可

如果在大学校长选拔任用过程中以胜任特征模型为依据，设置量化的遴选标准，就能够使遴选机构更加明确自己的选人目标，还能够使教师、学生、校友及社会公众更加了解和熟悉新当选校长的个性、品格、能力和业绩等。同时，遴选组织在制作并公开发布"校长遴选公告"中对校长胜任特征模型要素进行明示，这些标准通常较为详细，并有着类别的区分和强调，就能够使遴选组织科学合理地依据这些标准进行操作。

因此，中国大学校长选拔标准应该在借鉴美国等其他国家先进经验的基础上，将胜任特征模型作为选拔大学校长的依据，在具体操作上，注意突出胜任特征的量化价值，依据每项胜任特征指标进一步设定权重和量化的测评问卷，则可以提高校长遴选的科学性、客观性和可操作性，使符合条件的校长人选脱颖而出，选拔出公认的符合大学发展需要的专业胜任校长。

第二节　校长遴选中的大学主导

基于专业胜任特征的遴选，是为保障遴选出具有教育家素养的校长，按照专业胜任特征指标体系考量候选人的教育专业伦理素养、教育理念、教育知识和能力素养、个人优秀特质等，尽可能为大学找到量身定做的校长最佳人选。我们应大力推进校长公开遴选，并以专业胜任特征指标体系为指针，在胜任特征标准基础上，从遴选理念、遴选主体、遴选程序和遴选的制度化等各方面建立起大学主导遴选权，通过制度保障大学参与的遴选程序，建构大学主体参与的民主化和科学化遴选机制。

一　应赋予大学作为遴选主体的权利

长期以来，中国高等教育具有国家教育权性质，国家统一领导和管理高等教育事业，大学校长的选拔采取与行政官员相统一的制度，大学校长选拔在上级主管或领导部门直接主导下进行，经过民主推荐、民意测验、民主评议、考察公示等组织程序，报主管部门或上级组织部门讨论通过及任命，具有浓厚的行政色彩，即使近年来试行的公开选拔，方式依然是上级组织主导遴选过程和最终确定人选及正式任命，虽然进行了多次大学参与的校长公开遴选试点，但公开遴选方式、程序、遴选的参与并未得到广泛推广，也尚未建立起完备的保障和配套机制，更没有建构专业胜任特征的大学校长公开选任制度。大学校长作为教育专业岗位，治理的是专业性组织，管理目标是实现大学治理的专业化，需要作为专业的组织成员的大学人员作为治理主体参与遴选,成为遴选主体之一,进入遴选组织机构。大学主体参与遴选是世界著名大学遴选校长的普遍做法。

大学校长遴选任命的过程通常也是反映学校与教育行政部门各自地位、相互关系的关键性视角。[①] 世界各国都把如何遴选大学校长作为大学自主的重要内容,例如,美国公立大学校长的遴选是由董事会负责实施的,董事会成员主要由政府官员、企业家、知名校友、教授学者和学生组成。澳大利亚大学校长任命是校董会的任务之一,董事会成员组成除外部董事人数不少于一半以外,成员还包括校长、副校长、学术委员会主席、教职工和学生。日本国立大学则适用2003年颁布的《国立大学法人法》,任命权归文部科学大臣所有,任命只是遴选环节之一,起决定性作用的还是各大学设置的校长选考委员会。选考委员会由名额对等的经营协会和教师参与的教育研究评议会委员共同组成,充分反映和综合考虑大学管理运营和教学研究两方面的意见。毫无疑问,美、澳、日等国公立大学校长遴选中大学各利益主体或是主要构成人员或是遴选的主导者和决策者。

因此,无论是按大学教育专业组织还是自主组织特征规律要求,大学成立遴选机构是世界各国通行且成熟的做法,大学作为教育专业组织和遴选主体,主导遴选应为大学办学自主权的相应内容。

二 维护遴选程序正义,保障大学作为专业组织的遴选主体地位

应对遴选机制进行立法,保障大学作为专业组织主导遴选的合法化,通过程序得以保障正义。"程序是看得见的正义",程序完善

[①] 郭景扬:《校长管理与培训》,天津古籍出版社2001年版,第199页。

与否直接关系到遴选过程的形式是否合法合理,表征的是遴选过程是否令人信服,是遴选民主公开公正的基本防线。程序正义价值不仅是遴选过程的完善等技术手段的辅助价值,更是保障校长候选人的公平竞争,尊重参与遴选的各界人士,保障民主过程和结果公正,尤其是保障大学师生能及时完整地了解过程,实现师生知情权和参与权的独立价值。程序正义是确保遴选出专业胜任的大学校长的深刻体现。

美国公立大学校长的遴选由大学章程规定为大学自主权限,由董事会负责实施,遴选程序为:第一,学校董事会成立校长遴选委员会,确定委员会成员,通常由教师、学校行政人员、校友、学生及表达社会公正的人员组成;第二,由委员会结合学校的发展目标及实践制定校长候选人遴选标准;第三,发布校长招聘广告,通过媒体向社会公开遴选条件,向社会进行公开招聘;第四,对应聘者进行筛选,缩小范围,具体由遴选委员会成员先对应聘者进行打分评价,筛选出几十人,而后通过电话、访问等形式进行第二次筛选,把范围缩小至 10 人以下;第五,对最终候选人进行面试,由校长遴选委员会对最终候选人的个人能力、教育理念和综合素质等方面进行最后考核;第六,由校董事会确定最终人选,根据遴选委员会的工作情况汇报,学校董事会以投票的方式确定校长人选。在以上六个环节中,大学成员始终作为遴选委员会的主要成员之一,参与了校长遴选工作,对遴选条件的拟定、对应聘者的打分评价、对候选人的全方位考核面试等,都有相当的话语权和参与度。大学成员作为遴选成员,对候选人素质能力的了解,对遴选工作的知情,表现了对大学成员参与的尊重,校长上任后的工作能得到大力支持。

可见,美国大学校长遴选成熟机制具有普遍性,应以此为借鉴。大学按自己的章程规定有权自主制定遴选委员会组织及运作实施办法,并在遴选实践工作中不断得到完善,其成员都本着"按法规精神、按程序组织运作"的理念,遵循制度,遵循程序,依法依规具有法治保障。在遴选之初,成立校长遴选委员会开展工作,公布校长任职资格,对推举人的资格进行审查,并通过深入面谈加以了解,在此基础上进行投票等,都由遴选委员会独立完成,可见遴选委员会工作过程是独立的和自主的。从制度执行效果来看,由专业组织的大学作为校长遴选主体,大学专业人员参与度极高,遴选结果更易被人接受,无不体现了校长遴选中的大学自主选拔和政府聘任的遴选理念和遴选权限分配,也凸显了遴选专业校长理念及专业人士参与遴选的权限。

大学专业组织主导遴选程序,作为专业的主体广泛参与遴选,体现了程序民主和正义,是专业胜任校长脱颖而出的制度基础和遴选效果的深刻体现,是影响校长专业治校的关键变量,是校长专业胜任的积极促进要素。

三 具有中国特色的大学校长遴选之路探

从行政事务管理能力到现代大学治理能力的转变、从学术研究能力到办学治校能力的转变、从绩效经营能力到教育管理能力的转变,中国大学校长角色转变和能力提升的主要方面,需要按教育家校长角色要求的专业胜任能力确定遴选理念和遴选标准。多年来,虽也有个别学校组织民主推举,报上级部门批准后任命,但绝大多数主要是由上级组织部门按一定程序选拔任命。近年来教育部组织面向海内外公开选拔校长试点,是大学校长遴选制度的重大改革,具有示范意义。在此基础上,形成了四点具有实践针对性强的政策导向表述:一是坚持公开选拔的改革方向不动摇;二是坚持严格把好公选工作的政治关;三是坚持科学的遴选标准和程序;四是总结凝练国内公选工作中的成功经验,合理借鉴境外大学校长选拔的有效经验。这无疑是利好的政策符号,但积极探索具有中国特色的大学校长遴选之路,需要在遴选理念、遴选组织、遴选制度上进行深度探索和重点尝试，借鉴他山之石，逐步走向成熟并加以推广。

首先，应树立遴选教育家校长的理念。通过借鉴中外成功大学校长遴选适用办法，完善公开选拔大学校长的工作机制。以教育部网站刊登的近年北京大学公开遴选副校长为例，其遴选组织、权限和程序如下：发布大学校长遴选公告、进行动员宣传、报名和提名推荐、资格审查、确定面试人选并进行面试、确定大学校长的考察人选并进行组织考察、公示大学校长人选，报批和任命，任命后享有高级干部职务级别。地方大学的上级组织部门也曾纷纷效仿教育部的试点做法，制定校长遴选条件、负责招聘流程、得到候选的人选结果，组织讨论通过再行任命，充分行使校长作为领导干部的管理权，主导整个遴选过程，显现了大学举办者选拔任命校长的权限。遴选组织成员中，既有组织部门的代表，也有教育行政管理部门的成员，还聘请相关管理领域及有一定影响力的离任校长、书记作为专家参与其中，大学中层管理者作为旁听者参与投票。作为管理部门选拔大学校长的改革创举，一套公开的招聘方式虽有环节上的公开公正、候选人范围的扩大及面试环节，校长办学治校素养也能得到显现，但一方面，以选拔大学领导干部角色为价值取向的公开选拔，并不一定能产生教育家型的大学校长；另一方面，从以往的实践情况来看，也容易产生学术象征型校长，实则不懂教育规律，没有办学治校的实践经验，容易限制优秀校长产生的机会和成长空间，不利于大学办学自主及学术自由的保障。大学是学者的集合，应建构教育家校长遴选理念和民主程序理念，在校长遴选过程中，要有教授的实质性参与，而不仅仅是象征意义的台下席的听众观众，实施民主遴选程序让专业人士参与校长遴选过程，做到程序公平公正，透明公开，有助于遴选出适合学校发展需要的内行校长，也有利于增加教职工、学生等对校长的了解程度，日后的办学治校工作也容易得到各学科专业群体的支持与响应，校长能更好、更快地适应和胜任工作，促进学校更快更好地发展。

其次，教育家型的校长应由大学教育组织主体自主遴选。通过梳理欧美大学校长的遴选经验以及校长引领大学治理创新的关键作用可以发现，大学校长由大学成员选举产生，由大学自主遴选也是因为大学自主的特征决定的，大量案例分析也发现，大学走向成功与卓越往往取决于一位或数位著名校长，依凭大学校长全身心投入的教育信念、治校理念和能力对大学的发展起关键作用，校长也因大学的成功治理而铸就，成为有影响力的知名教育专家和教育家。因此，促进以专业胜任为特征的教育家型校长的诞生，需要从遴选环节做起。专业胜任型校长具有共性特征的资格条件，要吸引具有高学历背景和大学教育管理资历的优秀人才来应聘；教育家型大学校长指向专业胜任特征，应了解国家对高等教育发展的迫切要求，大学内外部发展的环境，依法依规治校，知晓大学什么不能做、个人道德什么不能做的底线思维，清晰地了解必须做什么的大学使命和责任等治校专业伦理范畴；能审时度势，把握发展机会，内部治理过程中能组织、能推进、能协调、能作为，形成丰富的治校经验，淬炼卓越的治校能力，通过教育理论知识的修养融通，精练升华为教育思想，积淀出具有同行认可赞誉的办学治校影响，激发涵养出适宜大学教育性、学术性、民主性、创新性、引领性的校长个性特质，即果敢、坚韧、坦诚、自信和谦逊的自我五大特质与包容、开放、合作、民主和公正的人际五大特质。在遴选实践过程中，出于大学主体成员对教育和学术认同心理，校长候选人资历宜"自上而下"，从学术地位高的大学副校长选聘到相对学术地位略低的大学任正校长，"平行"流动中也需要考量从大规模学校到小规模学校、从综合性学校到单科学校、从历史悠久的学校到相对新办的学校等，应避免行政取向的"自下而上"。要避免一些地方大学校长遴选的片面和急功近利的做法，认为由知名学者任校长，就可以以学术精神示范和感召，提升大学学术的影响和地位。有的地方大学招聘校长的过程中，片面追求校长的高学术背景，注重院士、长江学者等学术符号的特征，对校长专业岗位需要全力以赴全职工作未提出明确要求，导致上任后因个人原有学术研究兴趣和需要，大学要为其另起新的学科"炉灶"，优先发展其所在的新学科，提供高额的科研经费、招揽一个学术团队，还要为大学异地候选人提供较好的生活条件，聘期一结束，校长一离任，所在学科也半途而废，成为"半拉子"学科工程。这些做法不但难以遴选出有教育思想、有治校能力和个性品质的教育家型校长，还会衍生一系列负面效果和影响，比如影响长期从事大学治理实践工作的副校长的积极性；因院士成为校长而发展新学科，偏离了大学学术发展价值取向，分散了大学资源投入，导致了学术资源的浪费，也影响了大学学术风气，这些偏差不利于遴选出理想的大学校长，也极易影响大学学科的科学发展，对办学治校有害。因此，应成立由大学主体作为主要参与代表的遴选工作机构，自主进行校长遴选。由上级领导部门把握政治方向，委托授权大学组建校长遴选工作机构，机构成员可以由大学党委成员、教师代表、学生代表、优秀校友代表、社会相关行业代表、组织部门与教育行政部门代表组成，代表社会公共责任、大学学术发展利益、大学教育组织利益，其中，大学主要成员所占的比重应最大，应由大学学术资历深厚、任职时间长、知晓大学教育规律且有一定影响力的教授、学院院长及具有行政执行权力的职能部门管理者、代表大学未来的中青年骨干教师组成。

再次，专业胜任特征是指"优秀"特征，其大学校长遴选是择优的过程，应扩大遴选的范围。对候选人的关注范围不能仅限于本校的高层领导、中层管理者，对"土著"诞生的校长，鲍德里奇认为"熟人圈"因素和非正式过程常常左右政策的形成，这种人际模式会稀释内部治理结构的价值；教育行政主管部门"空降""下派"的没有大学工作积淀的公务人员，刻板定型的官僚角色和科层导向，往往以行政逻辑替代学术逻辑，容易偏向于追求职务升迁，大学自主和学术独立精神往往被边缘化，个人权力崇拜和大学行政化将更为严重，与遴选教育家型校长实现"去行政化"的初衷相去甚远；对于行业部门举办的行业单科型大学，遴选企业"CEO"作为校长需要特别谨慎，他们行业管理经营经验丰富，绩效管理也特别顺手，擅长于市场竞争，乐于研究社会需要，满足客户喜好，对于专业和人才培养满足社会的需要和发展是有利的，但往往也因追求大学发展的业绩和效率，采用经济组织、企业组织管理的效率优先为导向，注重科学管理和数字指标，重视硬管理，忽视大学的人文教育和理想人格塑造，忽视大学人文精神的涵养，忽视精神提升与文化进步这些软指标。大学作为育人组织的宗旨要求企业家转型为教育家，需要的不仅是时间上的适应，更需要建构教育家的办学观，大学组织的育人观，人格塑造的人文观。因此，应该向全球全社会公布教育家型校长的岗位要求和职责，教育部全球公开招聘校长试点做法值得肯定，在全球范围内公开招聘优秀的大学校长，有利于去"近亲"化、去官员化、去企业家化，凸显教育家专业伦理和胜任特征。在遴选过程中，招聘公告中的遴选资格和胜任标准应以教育家型校长胜任标准为依据，经过层层遴选，由遴选机构和上级来共同确定人选，最后报上级组织部门认可和聘任。

最后，教育家型大学校长的条件、公开招聘、民主遴选需要制度化。教育家型的校长遴选条件、公开招聘环节、完善大学各主体广泛参与的民主程序以及校长聘任制、薪酬制、退出制等都应有相应的遴选和管理法规明示，在大学章程中明示大学主体遴选校长的权限，并授权大学依照国家法规和大学章程制定遴选办法，从而有效地改善大学教育组织和学术组织的本质特征被忽视、校长角色模糊不定的现象，通过系列法规制定，明晰大学遴选主体的权限、公开民主的遴选程序，依法履行遴选责任，保障遴选出专业型的大学校长，最终促进教育家型校长的生成。

第三节 大学校长遴选的保障制度

专业胜任的中国大学校长角色,不再是单一的学术形象代表,也不再是行政官员角色,更不能是企业家形象,而是需要校长符合教育家角色标准。在职业化趋势下,中国现代大学不仅需要政治家领导,更需要教育家引领大学事业的发展。这就需要强化校长自身对工作职责的认识,明确专业岗位对自身素质提出的要求,促进外部工作行为要求与清晰的专业角色定位的相互统一和相互促进,为遴选出专业校长创造条件。

一 强化大学校长发展中的专业岗位理念

首先,大学校长在发展成长中应建构专业岗位理念,有利于形成自下而上的"专业"校长遴选态势。上级组织对大学校长按照一定的行政职务和干部身份进行管理,往往会形成校长遵循职务要求,恪守职务权限,遵照上级指令对学校进行管理,缺乏必要的自主性、主动性、创造性和积极性。在大学校长职业化的趋势下,在校长成长过程中,应强化大学校长的专业岗位理念,角色需要转变为专门从事且能自主治校的专业校长,最终发展成为教育家型校长,实现教育家办学。其次,应遵循校长专业岗位要求,加强全身心投入意识、自主发展意识。大学校长应明确地认识到,作为专业型校长,大学治理是全职工作,需要全身心投入,也需要提高专业化水平,应尊重高等教育发展的客观规律,促进育人和学术的创新与发展;应该要关注高等教育国际国内环境,按照建设一流水平、一流学科大学的迫切要求进行战略管理;推进大学内部治理。最后,作为专业校长,应提升其自主竞争意识、经营意识。应转变过去只是按照上级计划、指令的管理模式,提高教育经营意识,积极开发与合理利用教育资源，面对竞争日益激烈的高等教育市场积极应对，接受市场的挑战和选择，不断提升自身管理经营能力，更加注重规模效益、结构效益、质量效益。实践出真知，校长专业岗位理念若成功运用于治校实践，取得成效，则有助于"反哺"遴选，突出运用和推广校长遴选专业标准，改进大学校长遴选。

二 架构系列管理制度，创造遴选专业胜任校长的可行性条件

专业胜任特征的大学校长意味着校长作为一种专门的职业，必须具备清晰的教育家角色认知，明确其专业化的地位，强化其专业认同感和自律意识，只有这样，校长才能够更加尽职尽责地履行其责任与义务。遴选出专业胜任的大学校长要靠系列制度来保障，校长是高等教育领域非常重要的人力资源，应根据人力资源管理的要求建构与完善校长管理制度，通过制度建设促进校长专业化及遴选标准"专业化"。李孔珍从人力资源管理的角度出发，提出应建立起校长专业岗位职责制度、资格制度、聘任制度、培训制度、考核与监督制度、职务晋升制度、薪酬制度等制度架构，作为从事高深专门知识传承与创造的大学，其学术性特征要求知识与方法求新；规模、质量、专业、学科、人员管理极其复杂，且资源效益与资源依赖更为明显，大学功能对大学治理及领导者提出了专业化引领要求，除基本人力资源管理制度外，必须有大学校长专门管理制度，校长作为某学术领域的专家，需要放弃原来的学术兴趣和学术投入，转变为大学治理；现代大学组织不仅是纽曼的"村落"，也不仅是弗莱斯纳的"市镇"，而已经是科尔所说的五光十色的"城市"，大学组织复杂化，大学工作行为要求校长从学术角色或行政角色到专业角色转变，校长角色转型需要建构专业的培训制度、与专业人才配套的年薪制度和考核制度、与大学校长任期制相关的流动与退出制度以及办学自主权的保障制度等，而不宜再按照省部级、厅级职务级别的领导干部管理制度来遴选和管理校长，制度不

仅有利于促使校长形成专业角色意识,激发校长的大学教育使命和教育事业热情,激励他们不断提高专业水平,促进其走向教育家办学,更为重要的,还有利于推进大学校长遴选的专业性建构,创造其可行性条件。

(一) 遴选专业胜任的大学校长需要经过专门培训

专业化需要专门的训练和教育,专业化理论告诉我们,专业化需要经过长期的发展过程,关于专业化标准的共识性条款的首要一条就是要经过专门的训练和教育,才可具有较高深和独特的专门知识和技术。大学校长岗位并非一般的职业岗位,培养和培训是促进遴选出专业校长的重要手段,美国专业校长培养和培训的基本制度值得借鉴。

1. 美国大学校长培养和培训制度

美国高等教育发展有着悠久的历史,大学校长培养和培训制度也相对成熟,形式主要有为遴选新校长的职前培养培训班、专门为校长设计的培训项目、会议、研讨会。培训机构主要有三种类型,美国大学和学院协会、美国独立学院协会、美国大学董事会协会等为核心的各种专业协会;大学成立的大学校长培训中心,不仅提供现任校长培训,也提供储备校长培养课程,为遴选校长做好前期铺垫。如哈佛大学教育研究生院、纽约州立大学雪城培训中心、卡内基·梅隆大学的约翰·海因茨公共政策和管理学院等;相关专业研究中心,如圣地亚哥创新型领导中心。[①] 美国大学校长培训内容丰富且针对性强,分为职前培训和在职培训,职前培训主要是针对储备校长,内容主要是关于储备校长上任后可能遇到的各种问题进行培训。美国大学和学院协会将大学校长培训内容归纳为发展战略管理;运行管理(包含教学质量管理、教学改革以及日常管理);资

---

① 史莉芳:《关于中外大学校长培训模式的思考》,《国家行政教育学院学报》2009年第9期。

源和财政管理；人员管理；信息管理五大类。[①] 这些培训机构采取的培训形式也是各不相同的。主要分为：（1）讲座论坛。一般是以主题会议和讲座论坛为主，校长之间互相交流学习学校的管理经验。（2）报告会。会议主题一般就学校管理和发展的问题发言，校长参加此类会议的发言以及会议记录都有助于校长积累专业素养。（3）多元专题项目。美国大学校长最具特色的培训项目由各专业培训机构实行，通常以校长的实际需要为导向来设计明确具体的内容；教学形式和方法通常为课堂讲授、案例研究、无组织者小组讨论、教师主持小组讨论、观看录像、角色练习、与优秀校长交流等。当前，哈佛大学教育研究生院、全美教育协会（ACE）的"研究员计划"、美国公立大学及学院协会组织的大学校长培训工作成绩较为突出。专业培养与培训为遴选出专业胜任的校长做足了准备。

2. 中国大学校长培训现状

通过对中国大学校长培训制度的研究发现，在长期的实践过程中，也形成了一些具有中国特色的培训机制。从培训形式上看，目前中国大学校长的培训方式主要分为：（1）会议。不定时地举办校长会议，来提升校长的政治素质和实践能力。（2）校长论坛。最突出的是中外大学校长论坛。中外大学校长论坛自2002年首届论坛举办至今，主旨为"启迪领导智慧，憧憬大学未来"，已经举办了多届。（3）"高校领导赴海外培训"项目。从2003年开始，教育部就加大了对高校校长海外培训的力度，由国家教育行政学院组织，实施了"高校领导赴海外培训"项目，主要培训对象为教育部当时直属的72所高校及其他部委所属的28所高校的校级领导干部，每年培训约120人。（4）研修班模式。教育部委托国家教育行政学院举办的高校领导干部研修班，研修班主要有行政管理理论和

[①] 张雪珍：《关于加强我国大学校长职业培训的思考》，《现代教育科学》2006年第6期。

教育政策理论，也安排少数的大学校长专业能力和管理能力的培训课程。从部属到地方的中国大学校长培训与美国的相比，几乎很少有新入职及储备校长培养的专业培训，在职培训内容也过于宽泛，以办学治校为核心的教育理论与实务培训缺少专门系统的设计，未形成专业的培训机制，缺乏相应的制度保障。因管理体制分直属与地方，培训频次与资源分享也有不同。大学校长培训与校长专业发展的提升还有较大空间，培养储备校长工作亟待加强。

3. 强化中国大学校长培训的专业性

从中美大学校长培训机制的比较研究可以看出，美国大学校长培训机制相对成熟，专业性的培训内容、多样化的培训形式以及专门的大学校长培训机构为中国大学校长专业培训提供了重要借鉴。就中国大学校长培训的现状，基于校长专业要求，促进大学校长专业培训应从以下方面着手：第一，需设立专业的培训机构。目前，中国大学校长的培训多由政府、教育部或国家行政学院组织实施，没有专门培训机构对大学校长进行专业培训。且缺乏储备校长的专门的"专业"培养培训。美国大学校长职业化程度高，有许多专门负责大学校长培养培训机构。因此，要建立合理的培训机制就应当设立专门的培养培训机构，可以由大学和大学、大学和政府、大学和教育协会共同成立专门机构，突出专业化目标。同时，应该拥有一支高水平和丰富实践经验的师资队伍，为大学校长专业培养培训提供最基本的专业保障。第二，培养培训内容专业化。美国大学校长的培养培训内容丰富多样，且偏重办学治校的针对性内容，给中国大学校长培训内容的改革带来很大的启示。目前中国大学校长的培训内容多是关于政治理论、政策法规、教育理念、学术管理、形势背景分析等方面。在大学校长职业化的趋势下，应改革培训内容，增加培养内容提高大学校长专业发展水平。首先，培养培训内容应当是大学内部治理的专业内容。一是针对待入职和刚入职的校长或校长候选人，进行岗前培训，内容主要是针对大学发展战略面对的新形势、发展的新阶段、出现的新问题的思考及策略。二是储备校长培训应注重专业发展和提升，既要有大学校长必备基本理论知识，又要注重校长的专业技术和管理能力的培训，注重大学校长的发展战略、教学科研、推进运行、人事管理、资源开发和经营、信息系统管理等；在大学竞争态势下，人力资源是大学的战略资源，财务和资金是大学发展的刚需，对大学校长进行人力资源管理、财务管理、筹资能力的培训显得尤为必要。三是要提高校长象征性领导的礼仪以及演讲能力等，提高其人格魅力，以更好地体现公共关系、社会活动、学校代言的"名片"作用。其次，通过项目平台促进大学校长治理实践问题的交流与策略创新。近年来政府已开展了一些颇具特色、卓有成效的培训项目，不仅是培训者和被培训者之间的静态理论知识传授与信息交换，而且是培训者和被培训者之间的动态发展信息交流，把培训变成了解决管理中实际问题的分享平台，成为大学专业治理水平共同提升的机会。因为大学校长在办学治校过程中有相同的发展背景和情境，往往会形成一些相似的实际问题，且校长之间讨论解决实际问题具有启发性和互补性，通过这种交流平台可获取解决实际管理问题的多种答案。开展此类培训项目、培训活动，应吸纳储备校长参加，参与各种研讨会、信息交流会，且应进一步加强培养和培训的针对性和适宜频次，以促进各种身份的大学校长之间的交流，通过解决问题的过程分享来提高其解决实际问题的能力。因此，拓展教学内容，增加紧贴实际反映大学改革发展热点、促进大学与时俱进的自主发展战略为主题的内容，既有丰富的理论内容又针对提高实践能力，是大学校长专业培训内容调整和改革的重要方向，也有助于诞生更多优秀的专业校长人选。第三，专业培训应方法专业化。单一的培训形式不利于校长办学治校能力的提高，在校长培训方面应创新方法论，实行专业化的培训形式。在形式方面，一是拓展项目培训，针对大学校长某一方面的能力，如社交能力、经营能力、管理能力的提升等，建立专门的培训，从而促进校长教育领导能力的提高。二是以区域或者以大学为单位成立大学校长论坛或协会，定期召开会议或论坛，相互交流、分享校长在办学治校实践中的经验，面临新发展提出新思考；也可由教育主管部门宣传解读高等教育政策法规新进展，使校长能够准确把握高等教育发展趋势和走向，为本校发展战略决策提供形势研判和把握政策机会。三是进一步拓展"中外大学校长论坛"的功能，中外校长之间能够通过会议彼此交流与学习，也可以提高中国高等教育国际化水平。在教学方法方面，要重视改进大学校长培训课程的教学方式，重视发挥受训者的专业提升自主性。目前，培训课程讲授方式多，以灌输传授知识方式为主，虽然能够丰富理论基础，但在实践问题的针对解决方面，培训效果较为欠缺，因此，教学方法应灵活多样，可以采用案例教学、情景教学、小组讨论、会议、参观访问等，多向度交流、研讨、分享方式，有助于提高校长各方面的能力。应加强培训校长之间的交流，校长之间的知识和解决问题的方法有针对性和互补性，校长在论坛、研讨会的交流讨论过程中可以共享解决实际问题的方法和经验。从储备校长的培养来看，校长候选人及现任校长的共同培训、共享、互动，有助于储备校长的成长，为遴选专业人才做储备。

（二）科学的评价机制促进校长专业发展

要制定合理的考核评价机制。首先，评价主体应民主化、多元化。大学校长评价存在的问题是评价过程中大学人参与度不高，大学的主要利益相关者并没有实质性参与，因此，现阶段由任命校长的上级部门组织大学的各利益相关者组成工作机构进行评价具有权威性，应包括政府、教代会、学生代表、校友及社会人士等，其中大学主体亲身体验和感受到校长的实践工作状态，最具有话语权，就如同美国大学校长评价模式由董事会领导，以大学内部主体为主要代表的各利益相关者共同参与。其次，要注重评价内容的专业胜任程度。以专业胜任标准为依据的遴选标准也是校长的评价标准，评价的首要重点是要考察校长的事业心和责任感,是否能全身心投入做一个专业的校长,以明确的任期目标及治校能力及业绩作为考察标准,对校长进行结果评价,在此基础上,经过一定任期的考核,可以综合考量校长的宏观战略管理能力、推进学生发展和学术发展的能力、经营能力、学校发展创新举措及社会积极影响和贡献等,以评价结果和综合测评作为对校长进行续任或退出的依据。最后,应科学运用适宜的评价频次,从评价时间选择和频次来看,一般对大学校长的评价以一定的工作阶段进行测评,并与任期综合评价相结合。科学合理的考核评价有利于促进校长专业发展,一方面利用阶段测评提示校长发现实践问题以便修正和完善,另一方面通过终结性的任期评价,便于建构校长薪酬结构的激励制度和流动与退出制度。大学校长履职监督也不可或缺。大学校长作为大学法定代表人、主要行政负责人,承担着整个学校运行和发展的主要责任,坚持大学办学方向性、体现举办者公共意志;依法依规办学,保障大学办学民主化、法治化;国家赋予了相应的办学自主权,大学校长拥有更多的经营管理权、更大的发展决策权以及相应的人事管理权等,更加需要加强监督大学校长的权力运行和资源配置,以监督规范行政权力的合法运行,防止职权滥用等都是考核校长的基本方面,能为校长的续任、退出提供充分可靠的依据。现行监督机制不可谓不全,应充分利用好现有的监督体系,在现有国家监督的基础上有效实施大学内部监督,落实大学办学信息公开责任、制定审核大学信息公开范围和信息公开程序,作为监督工作的基础;制定并实施决策议事规则和工作规则:做实学术委员会、教代会、理事会制度,会议制度中的工作机构、成员及权限、会议运行程序等应有明确的条款规定,并处理好各种权限的关系,充分履行大学内外部监督,以便在赋予大学自主权的前提下,使校长有权能用、有权可用、有权会用,既有规范规制,又能发挥其主观能动性和创造力,促进校长专业发展水平的提高。也有利于吸引更多优秀人才参与校长遴选。

(三) 薪酬制是校长专业价值的体现

美国公立大学的薪资一般包括：基本薪资、奖金、退休金、补偿金等。2007年出版的《美国大学校长》中列出了美国大学校长的主要活动：其中，筹集资金、预算、财政管理、社区关系、战略规划占去了大学校长最多的工作时间。[1] 为了确保校长的工作效率，美国大学学校董事会与校长签订的合同中会为其设定一系列目标，通过目标的实际实现率来衡量每年应该付给校长的奖金。如果校长完成了预期目标，额外的奖金会提升其薪酬总额。校长筹资的成功与否决定着其薪酬的总额，这使绩效奖金成为校长收入的重要影响因素。[2] 2018年《高等教育纪事》报道的最新美国大学校长薪酬调查报告中，共有70位校长薪酬超过100万美元。从美国大学校长的高薪可以看出，大学校长已经成为一种特殊职业，其薪酬对劳动价值有很高的体现，与其能力成正比。同时，董事会通过高薪吸引卓越的管理人才，也能够增强校长的职业意识，为学校的长久发展留住具有真才实学的优秀者。

实施薪酬激励制度是推进中国大学校长专业发展、破解职业化管理困境的切入点。中国人力资源与社会保障部关于职业分类目录中，大学校长职业编码是1—04，1指职业编码第1大类，第1大类共含25个中类，04是指国家机关、党群组织、企业、事业单位负责人，中国把大学定为事业单位性质中的4中类，职业描述为事业单位中担任领导职务的具有决策、管理权的人员。长期以来中国大学校长的薪酬是职业分类中的"领导职务身份"工资，2017年中央颁布的《事业单位领导人员管理暂行规定》（以下简称《规定》）第二十八条规定，完善事业单位领导人员的收入分配制度，

---

[1] 李莉:《美国大学校长薪酬堪比总统》,《北京晚报》2013年3月7日。

[2] Marisa López Rivera, "Presidential Bonuses, Often Secret, Are Wide Open at Some Public Universities", *The Chronicle of Higher Education*, 2007, pp. 8–9.

根据事业单位类别，结合考核情况合理确定领导人员的绩效工资水平，使其收入与履职情况和单位长远发展相联系，与本单位职工的平均收入水平保持合理的关系。首次提出了管理能力和绩效挂钩的业绩工资，以体现大学校长治理的专业价值。根据宣勇2014年高等教育国际论坛上的发言显示，中国大学校长的年收入平均为17.34万元，其中10万元以下的占23.7%，15万元以下的占47.4%。而相当一部分的大学特聘教授的年薪超过35万元，相比可见中国大学校长的工资水平偏低。从促进大学校长专业发展和大学科学治理需要，亟须参照市场薪酬机制提高薪酬水平，优化薪酬结构。建立大学校长薪酬制，给予校长专业人才相匹配的待遇，获得相应的物质报酬。《规定》第二十六条指出，完善事业单位领导人员交流制度，统筹推进事业单位之间、事业单位与党政机关和国有企业之间领导人员的交流。注意选拔事业单位优秀领导人员进入党政领导班子。从人才资源对社会贡献角度，大学校长"事业单位"领导身份与党政、企业等交流打通，对校长个人政治地位提升的激励，在某种程度上是对大学校长专业管理人才的浪费，稀释了其教育专业学术特征，不利于教育家治校的教育学术积淀，对高等教育整个事业的发展是一种资源消耗。薪酬激励机制作为校长工作待遇，是确保吸引优秀人才担任大学校长并使之长期从事且安心工作的重要保障，要承认大学校长是重要的、稀缺的社会资源，正确评价他们的劳动价值和社会价值，并为他们实现自己的劳动价值和社会价值创造必要的条件和设立基本的保障。[①] 美国大学校长有与其能力成正比的高薪的特点，能充分体现校长的专业劳动价值。大学董事会通过高薪来吸引优秀的管理人才，强化大学校长的专业伦理意识，同时能够为大学的长久发展稳定高水平人才。就中国大学

[①] 牛维麟、李立国等：《大学校长职业化的探究与启示》，《中国高等教育》2009年第11期。

校长薪酬现状而言，只有先把与校长专业岗位相应收入物质待遇的大致需要理顺了，才能谈评价体系。只有实行了年薪制，大学校长才能专心从事治校这一学术事业，而不是三心二意，放不下原来的专业和学问及其获得的收入。因此，促进大学校长专业化水平，需要参照市场化薪酬机制，实行校长年薪制，提高校长的年薪水平。可以参照大学校长职业化成熟的薪酬制做法，美国大学校长的高薪额度区间、现行行业企业"CEO"年薪，依据国情省情及大学学术地位和影响确定适宜额度。现行行业、企业"CEO"年薪60万元是百万年薪修改后的高限，五年前中国地方大学领军学术人才引进中最高为30万—45万元，国家"双一流"政策出台后大学为吸引人才，待遇年薪百万元已经是普遍现象；笔者在"作为专业校长，不再获得教学科研经费和奖励，专门从事办学治校工作，其年薪收入适宜额度"调查中发现，中部省份地方大学近100名校长选择薪酬适宜额度在20万—30万元的占60%，在30万—40万元的占20%，20万元及以下的还占了10%，50万—60万元的只占10%；另有一项报道指出，大学教授如果能有50万元收入，就能安心且全身心地上课和做研究，但占80%的现任大学校长选择的额度既低于行业总经理或国家学术人才的奖励额度，也低于教授薪酬的期待。毋庸置疑，即使是地方大学，现行的选拔资格条件及现任大学校长也都基本具有高学历和有较高的学术水平，是学术领域的中坚或骨干，因此从校长薪资的合理期待与教育领域顶尖教授收入的"行情"来看，校长薪酬翻番具有合理性。有研究指出，当"大学校长"是一种职业时，担任大学校长的人具有通过这份职业追求幸福生活的本能愿望，就不能再要求校长通过个人的道德超越而达致人性的完美，可见，较高额度年薪制具有科学性、合理性。大学校长出于对教育事业的信念和情感，追求个人事业和价值实现重于经济报酬，校长薪酬制政策更具有可行性，促进校长专业化发展也同样具有可行性。大学校长实行薪酬制后，其年收入主要包括"基本薪酬"和"绩效薪酬"两部分,大学治理是一项"慢活","基本薪酬"作为体现校长专业岗位特征部分占比不宜过低,而反映大学校长治理学校的"绩效薪酬"可按目标达成度动态发放,促进大学校长薪酬结构逐步到位。大学校长政治待遇同样可参照行业企业职级制,随着薪酬制的成熟完善,可完全按专业人才的待遇制度,以逐步提升校长专业化程度。实行年薪制有利于激励校长的内在动力,改变校长"双肩挑"——一手大学治理,一手个人学术,两手都想"硬",或者只"硬"个人学术的现象。促使校长专心于管理经营学校,从而促进大学治理专业水平提高。专业人才待遇制度不仅能吸引广纳优秀人才,也能促进专业校长遴选工作的顺利进行。

(四) 退出制度是校长专业发展的重要保障

美国公立大学校长的退出是指退出工作及其衔接节点和退出岗位的形式。退出工作有三个阶段:酝酿退出、正式退出、退出完成,各个阶段都有其明确的相关任务和要求。从校长个人从岗位退出的角度看,是指卸任校长根据政策或合同规定正式退出后,可以享受学校的退休福利,最常见的形式是退休和辞职。研究表明,美国大学校长退出后去向大致可概括为三种:一是部分校长把校长岗位当作自己的最终职业;二是退出后仍继续从事高等教育事业,从事学校行政管理或教师工作;三是进入政府部门、企业、基金会等其他机构。美国公立大学校长退出时都会得到退出保障,校长的顺利退出首先需要有规范的契约合同,保证校长退出有据可依,并防止退出时可能产生的问题影响学校的发展和利益。有统计显示,六成美国大学校长都拥有书面合同的保障。美国校长的退出保障主要包括物质酬劳和非物质保障及福利,其中物质酬劳除了不低的基本工资和奖金福利外,学校会支付一定的退休金或递延酬劳,如路易斯维尔大学的校长詹姆斯·R. 拉姆齐就是在离职时获得了超过350万美元的递延薪酬和约68万美元的离职补偿,才荣登公私立大学校长薪酬榜首。维克森林大学的校长内森·O. 哈奇2015年的总收入为400.46万美元，其中基本薪资和奖金福利等不到100万美元，递延薪酬和退休金等收入总额为每年25.5万美元，在聘期结束后一并支付，总数超过了250万美元。非物质保障及福利是指学校会给予教授一定的职位、保险或福利等。不只美国大学，英国的大学校长同样有递延薪酬、离职补偿金和其他报酬。中国新闻网在2017年12月13日转发日前英国今日华闻网刊文称，英国巴斯思巴大学前校长克里斯蒂娜·斯莱德离职前获得了80万英镑约合人民币706万元的年薪，斯莱德的80万英镑年薪包括25万英镑的工资，以及约43万英镑的离职补偿金。巴斯思巴大学称斯莱德的薪酬水平属于合理范围。除年薪外，斯莱德在任职校长期间，还获得每年2万英镑的"住房补贴"以及2万英镑的"其他补助"。在她工作期间，大学还为她交了约9万英镑的养老金。

可见，美英等国大学校长的退出，除重视学校工作平稳过渡的过程关键节点外，对于校长个人退出而言，可供借鉴的有以法律形式保障双方利益的合同；校长退出后职业发展的职位提供，如校长终身从事校长工作或继续投身高等教育其他的专业工作；提供足够的待遇，如递延薪酬、离职补偿金、房贴、养老金等。完善的退出保障，才能确保校长安心治校和顺利退出。

中国大学校长被纳入领导干部范畴，退出管理与待遇按规定的60岁退休及相应级别退休工资保障。退出后组织不再安排，有的校长自主寻找工作机会，有的被返聘从事研究、有的进入民办高校从事高级行政管理或企业行业任职等。2014年教育部党组《关于进一步加强直属高等学校领导班子建设的若干意见》提到，对未达退休年龄退出领导班子后，从事科研教学岗位的大学校长，学校可给予一定的学术恢复期和条件支持，不再从事科研教学岗位的，适当安排其他工作，但条文只规定了辞职后的科研教学岗位安排。专业校长的退出，从校长专业岗位重回到科研教学岗位，对从事人文社科背景的校长是软着陆，专业重建适应快，自然科学背景的校长，重回自然科学研究具有不确定性，因此，应拓展退出安排的方式。除提供科研和教学岗位外，还应有相应的经济报酬，如美英大学的做法，或给予终身教授待遇，或享受在职专业校长同等待遇，或提供补偿金和养老金等。有待遇保障，就能确保校长割舍学术，安心从事办学治校，有利于延展校长人才资源价值，也能确保吸引到遴选出专业校长，进而形成稳定的专业校长遴选做法，推进形成大学专业校长遴选制度。

主要参考文献

一 中文文献

[美]克拉克·科尔、玛丽安·盖德：《大学校长的多重生活：时间、地点与性格》，赵炬明译，广西师范大学出版社2008年版。

眭依凡：《论大学》，人民教育出版社2017年版。

[美]迈克尔·D. 科恩、詹姆斯·G. 马奇：《大学校长及其领导艺术：美国大学校长研究》，郝瑜主译，中国海洋大学出版社2006年版。

闫拓时：《当代中国大学校长领导力研究》，高等教育出版社2014年版。

郭景扬：《校长管理与培训》，天津古籍出版社2001年版。

殷爱荪、周川：《校长与教育家》，福建教育出版社2004年版。

[苏]瓦·阿·苏霍姆林斯基：《和青年校长的谈话》，赵玮译，上海教育出版社1983年版。

[美]罗伯特·伯恩鲍姆：《大学运行模式——大学组织与领导的控制系统》，别敦荣译，中国海洋大学出版社2003年版。

黄俊杰：《大学校长遴选：理念与实务》，北京大学出版社2006年版。

周晓虹：《现代社会心理学》，上海人民出版社1997年版。

周晓虹：《现代西方社会心理学流派》，南京大学出版社1990年版。

薛天祥：《高等教育管理学》，广西师范大学出版社 2001 年版。

许南雄：《人事行政学》，商鼎文化出版社 2002 年版。

王英杰：《美国高等教育的发展与改革》，人民教育出版社 1993 年版。

［美］理查德·格里格、菲利普·津巴多：《社会心理学》，丁垒译，上海人民出版社 2005 年版。

王乐夫：《领导学：理论、实践与方法》，高等教育出版社 2013 年版。

［日］白石裕：《学校管理者需要什么力量——大学院培养、研修的实态及其课题》，学文社 2009 年版。

付亚和：《工作分析》，复旦大学出版社 2009 年版。

王孙禺：《高等教育组织与管理》，高等教育出版社 2008 年版。

眭依凡：《大学校长的教育理念与治校》，人民教育出版社 2001 年版。

张斌贤：《现代国家教育管理体制》，上海教育出版社 1995 年版。

刘建军：《领导学原理——科学与艺术》，复旦大学出版社 2007 年版。

马万华：《多样性与领导力——马丁·特罗论美国高等教育和研究型大学》，教育科学出版社 2011 年版。

舸昕：《从哈佛到斯坦福》，东方出版社 1999 年版。

［美］詹姆斯·杜德斯达、弗瑞斯·沃马克：《美国公立大学的未来》，刘济良译，北京大学出版社 2006 年版。

张红霞：《教育科学研究方法》，教育科学出版社 2009 年版。

董奇：《心理与教育研究方法》，北京师范大学出版社 2004 年版。

贺祖斌：《思考大学》，北京大学出版社 2015 年版。

胡国铭：《大学校长与大学发展研究》，华中理工大学出版社 2004 年版。

郑雪：《人格心理学》，暨南大学出版社 2007 年版。

彭聃龄:《普通心理学》,北京师范大学出版社2004年版。

程斯辉:《中国近代大学校长研究》,人民教育出版社2010年版。

[美] 莫顿·凯勒、菲利斯·凯勒:《哈佛走向现代:美国大学的崛起》,史静寰等译,清华大学出版社2007年版。

张楚廷:《学校管理学》,湖南师范大学出版社2000年版。

黄达人:《大学的治理》,商务印书馆2013年版。

欧阳光华:《董事、校长与教授:美国大学治理结构研究》,高等教育出版社2011年版。

余立主编:《校长——教育家》,同济大学出版社1988年版。

[荷兰] 弗兰斯·F.范富格特:《国际高等教育政策比较研究》,王承绪等译,浙江教育出版社2001年版。

北京大学哲学系外国哲学史教研室主编:《西方哲学原著选读》,商务印书馆1982年版。

贺国庆等:《外国高等教育史》,人民教育出版社2006年版。

贺国庆:《欧洲中世纪大学》,人民教育出版社2009年版。

刘永芳:《管理心理学》,清华大学出版社2008年版。

郑文:《英国大学权力协调与制衡》,北京大学出版社2011年版。

葛玉辉:《人力资源管理》,经济管理出版社2010年版。

别敦荣:《论市场化体制下大学校长的作用》,《高校教育管理》2008年第3期。

时勘、王继承:《企业高层管理者胜任特征模型评价的研究》,《心理学报》2002年第3期。

时勘:《基于胜任特征模型的人力资源开发》,《心理科学进展》2006年第4期。

王洪才:《大学校长应具备的八种素质》,《河南教育》[高教版(中)]2006年第1期。

王洪才:《论现代大学校长的社会角色》,《大学教育科学》2006年第1期。

宣勇、张鹏：《大学校长管理专业化研究的价值与基本问题》，《复旦教育论坛》2013年第11期。

张应强、索凯峰：《谁在做中国本科高校校长——当前我国大学校长任职的调查研究》，《高等教育研究》2016年第6期。

张应强：《论现代大学制度建设的文化取向》，《高等教育研究》2002年第11期。

王英杰：《大学校长要有大智慧——美国芝加哥大学的建立与发展经验》，《清华大学教育研究》2005年第1期。

眭依凡：《一流大学校长必须是教育家》，《求是》2001年第1期。

王重鸣、陈民科：《管理胜任力特征分析：结构方程模型检验》，《心理科学》2002年第5期。

王长乐、雷声华：《高校校长选拔可能出现的偏差》，《上海高教研究》1998年第1期。

王占军、瓮晚平：《政治模型下的美国大学校长遴选：以佛罗里达大学为案例》，《复旦教育论坛》2015年第1期。

王飞、王运来：《从"官场主体性"到"学场主体性"——教育家办学语境下大学校长主体性生成场域的转向》，《学术探索》2012年第3期。

陈燃进：《现代大学校长的现实困境与理想角色探究》，《高教探索》2015年第5期。

赵曙明：《美国的大学校长》，《高等教育研究》1989年第1期。

赵曙明：《我国管理者职业化胜任素质研究》，《人力资源》2009年第1期。

姜朝晖：《美国大学校长职业变迁：一种历史的视角》，《高校教育管理》2010年第4期。

牛维麟：《一流大学校长素质谈》，《中国高等教育》2004年第12期。

牛维麟、李立国等：《大学校长职业化的探究与启示》，《中国高等教育》2009 年第 11 期。

周川：《大学校长角色的演变》，《中国高教研究》1995 年第 6 期。

周川：《大学校长角色初探》，《上海高教研究》1996 年第 6 期。

周群英、胥青山：《大学校长遴选程序的比较研究》，《江苏高教》2003 年第 1 期。

刘道玉：《大学校长必须是教育家》，《中国地质大学学报》（社会科学版）2007 年第 5 期。

刘晶玉、娄成武等：《大学校长胜任力模型研究》，《现代大学教育》2010 年第 4 期。

董晓林、马连杰：《高校行政管理人员胜任力与工作绩效的关系》，《高等教育研究》2013 年第 10 期。

马俊杰、周文霞：《对大学校长角色和工作的期待：来自大学生的声音》，《江淮论坛》2010 年第 5 期。

魏士强、洪银兴：《中国高校领导者胜任特征模型研究》，《管理世界》2010 年第 6 期。

杨兴林：《我国大学校长到底该如何遴选——三重视角的拷问》，《重庆高教研究》2016 年第 1 期。

张金伟：《我国大学校长公开遴选程序的完善》，《上海教育评估研究》2014 年第 1 期。

熊万曦：《大学校长遴选：美国顶尖大学的经验——哈佛大学前校长德里克·博克专访》，《现代大学教育》2013 年第 5 期。

任国华、孔克勤：《高校及教育系统领导干部构念人格特质与岗位胜任性关系》，《心理科学》2008 年第 1 期。

白保中、陈小丽等：《中国大学校长的群体特征及治学理念》，《中国科技论坛》2009 年第 10 期。

郭俊、黄鑫等：《中国大学校长教育学术背景研究——以 115 所"211 工程"大学校长为例》，《中国高教研究》2012 年第 8 期。

王娟：《大学校长职业化探析》，《西北人文科学评论》2011 年第

11 期。

王友良：《大学职业化和职业化的大学校长》，《云梦学刊》2005 年第 11 期。

栾兆云：《美国大学校长职业化发展及其启示——以哈佛大学为例》，《高教探索》2008 年第 1 期。

赵文华：《论现代大学制度与大学校长职业化》，《复旦教育论坛》2004 年第 3 期。

邢文祥：《关于大学校长职业化的初步思考》，《国家教育行政学院学报》2012 年第 10 期。

章小梅：《关于大学校长职业化的探讨》，《教育与现代化》2005 年第 3 期。

张磊：《大学校长身后的权力关系分析——从 Rector，Chancellor，President 看大学校长》，《大学教育科学》2010 年第 5 期。

郝森林：《美国大学校长的职业化取向及启示》，《教育发展研究》2009 年第 7 期。

刘亚敏：《教育家校长引领大学崛起——以哈佛大学五任校长为分析样本》，《高等教育研究》2011 年第 11 期。

栾兆云：《美国大学校长职业化发展及其启示——以哈佛大学为例》，《高教探索》2008 年第 1 期。

应俊峰、胡伶：《名校长成长过程与要素分析》，《教育管理》2005 年第 5 期。

郭凯：《中国大学校长评价的基本走向》，《教学与管理》2005 年第 1 期。

王飞：《中国大学党委书记与校长之扞格及其化解》，《学园：学者的精神家园》2012 年第 1 期。

程斯辉：《中国近代大学校长成为教育家的当代意义》，《河北师范大学学报》（教育科学版）2007 年第 5 期。

韩延明：《大学校长应具"教育家修为"》，《探索与争鸣》2015 年第 7 期。

代蕊华：《筹资者：大学校长新角色》，《高等教育研究》2000 年第 3 期。

阎凤桥：《对英美大学校长管理体制的比较》，《比较教育研究》1995 年第 4 期。

陈国文：《澳大利亚大学校长选拔制度》，《教书育人：校长参考》2006 年第 6 期。

史莉芳：《关于中外大学校长培训模式的思考》，《国家行政教育学院学报》2009 年第 9 期。

张雪珍：《关于加强我国大学校长职业培训的思考》，《现代教育科学》2006 年第 6 期。

母国光：《营造创新人才成长的环境》，《求是》2003 年第 11 期。

任维德：《公共治理：内涵　基础　途径》，《内蒙古大学学报》（人文社会科学版）2004 年第 1 期。

陈文博：《一流大学要有一流的软境》，《国家高级教育行政学院学报》2002 年第 4 期。

胡国铭：《大学校长与大学发展研究》，博士学位论文，华中科技大学，2002 年。

李延保：《完善校长遴选办法构建现代大学制度》，《中国教育报》2012 年 4 月 20 日第 4 版。

程斯辉：《近代著名大学校长的精神风骨》，《中国教育报》2009 年 3 月 15 日。

李莉：《美国大学校长薪酬堪比总统》，《北京晚报》2013 年 3 月 7 日。

时勘：《胜任特征模型理论和实践的探索》，中国管理现代化研究会论文，2009 年。

赵普光：《新世纪大学校长胜任力模型及现状研究》，2012 中国领导人才论坛暨第三届党政与企业领导人才素质标准与开发战略研讨会论文，2012 年。

二 英文文献

Rudolph, *The American College and University: A History*, University of Georgia Press, 1990.

Cowley W. H., Williams D. T., *Presidents, Professors, and Trustees*, San Francisco: Jossey-Bass Publishers, 1980.

Clark Kerr, *The uses of the University*, Harvard University Press, 1995.

Frederick Rudolph, *The American University and College: A History*, New York: Knopf, 1962.

Amanda H. Goodall, *Why Research Universities should be Led by Top Scholars*, Princeton University Press, 2009.

Trow M., *Reflections on the Transition from Elite to Mass to Universal Access: Forms and Phases of Higher Education in Modern Societies since WWII*, University Education Science, 2009.

M. Hutchins, *The Learning Society*, Frederick A. Pager, Inc. publishers, 1968.

Trow M., *The Expansion and Transformation of Higher Education*, International Review of Education, 1972.

Frederick Steiner, *The Presidential Selection Process in Universities*, D, The University of Arizona, 1973.

McClelland D. C., *Testing for Competence Rather than for Intelligence*, American Psychologist, Vol. 28.

Marisa López Rivera, *Presidential Bonuses, Often Secret, Are Wide Open at Some Public Universities*, The Chronicle of Higher Education, 2007.

Rothwell W. J., Lind Holm J. E., *Competency Identification, Modelling and Assessment in the USA*, International Journal of Training &

Development, 1999 (2).

Lourdes Sanchez, *Career Pathways and Demographic Profiles of University Presidents in the U. S, D*, The University of Texas, 2009.

Constance L. Howells, *A Quantitative Study of the Presidential Search Process and Position Longevity in Community Colleges*, D., University of North Texas, 2011.

Rebecca, Denton and John E., Moore, *How Boards Go Wrong and Right: Observations on the Search and Selection of College Presidents*, Unknown publisher, 2009.

Kubala. T. S., *Study on the Community College Presidency*, Community College Journal of Research and Practice, 1999.

Madsen. S. R., *University Presidents: Career Paths and Educational Backgrounds*, European Academy of Management, 2006.

University of Michigan: Board of Regents (http://regents.umich.edu/).

Saha L. 18. J., *International Encyclopedia of the Sociology of Education*, Pergamon, 1997.

附 录

大学校长专业胜任特征访谈提纲

1. 通过研究发现，大学校长岗位作为一种专业岗位，应强调大学治理的专业性，请您就大学校长专业胜任维度给出您的意见和建议。

2. 以下问题请您围绕"职业化"角度谈谈您的看法。

（1）根据马丁·特罗的观点，在趋势驱动下，大学校长成为全职的专业管理者，先决任务就是成为一种专业角色，并掌握学术以外的管理技术，这就要求大学校长具有专业伦理优先性。作为教育专业工作者，校长职位作为专业岗位，毫无疑问应遵守教育专业伦理，即教育伦理。我们所强调的教育伦理，是强调校长职位的专业伦理优先性，应把引领学校发展视为全职工作，强调"用整个的心做整个的校长"，强调个人学术事业应研究办学治校。您认为优秀的大学校长应具有哪些教育伦理呢？

（2）根据产出驱动法，我们得出大学校长应具有治校成效性，而治校作为一种实践活动，需要在正确的理念指导下才能获得卓越的成效，这就要求大学校长具有清晰的教育理念。您认为优秀的大学校长应具有什么样的教育理念?

3. 大学校长岗位作为一种教育专业岗位，强调大学治理的专业性，应具备大学专门管理经验或经过专门训练具备教育专业管理的知识与能力，达到专业岗位胜任的标准和要求。就专业知识而言，针对大学校长岗位并没有特定的某门学科指向，而更多地体现为一种综合的知识素养，即个体应具有的知识储备和修养。您认为优秀的大学校长应具有哪些知识素养呢?

4. 岗位的专业性既体现在专业知识中，更体现在专业技能上。大学校长的专业技能集中体现在其治校方面的专业能力，即治校能力。您认为优秀的大学校长应具有哪些治校能力呢?

5. 领导特质理论强调，领导者自身一定数量的、独特的并且能与他人区别开来的品质与特质对领导有效性会产生重要影响。同理，大学校长的个人特质能够对其治校行为的有效性产生重要影响，并能对大学师生乃至整个社会产生示范作用。因此，超凡的个人特质也是大学校长胜任特征的重要组成部分。您认为优秀的大学校长应具有哪些个人特质呢?